القاموس المُصوَّر

عربي
ألمانِي

DEUTSCH
ARABISCH

PONS GmbH
Stuttgart

إرْشادات لاستخدام القاموس

يُعتبر هذا القاموس بما يحتويه من 1500 كلمة مفيدة للغاية، الرفيق المثالي في الحياة اليومية. وفيما يلي أهمَ النَصائح للاستفادة القُصوى من هذا القاموس:

1. ترجمةٌ سريعة

يتشكل هذا القاموس من تسْعة مواضيع رَئيسيّة تخص الحَياة اليومية. وسواء تعلّق الأمر بالمنزل، أو بالطريق أو بالعمَل، تصفّح القاموس الذي بين يديك وانتقل إلى الموضوع المرغوب فيه لتجد عرضا للكلمات التي تحتاجها. أمّا إذا كنت تبحث عن كلمة بذاتها، فما عليك إلاّ الرجوع الى الفهرس الأبجدي.

2. العبارات الأكثر أهمّية

وإلى جانب الشرح المُصوّر للكلمات، ستجد أيضًا الجُمل والتّعابير الأكثر استخداما في الحياة اليومية.

3. أنْطُق نُطقاً سليما

حتّى تتمكّن من نُطق ألْ ألمة نُطُقا سليما، أضفنا إلى آلّ الكلمات والعبارات طريقة نطقها بشكل آتابي. ويمكِنك أن تجد لمحة عامّة عن الرموز الصوتية المستعملة في الصفحة الأولى من الكتاب.

4. تفاهم بدون كلمات

إذا لم تخْطُر بِبالك كلمة ما في موقف معيّن، فما عليك إلاّ أنْ تُشير إلى الصُورة المُناسبة لتتمكّن من التّفاهم مع الغير في أيّ مكان من العالم، وذلك بدون كلام.

ما عليك أن تعْلمه أيضا

ترد الكلمات في هذا القاموس دائما في صيغة المُفرد، إلّا إذا كانت الكلمة تُستعمل عادةً في صيغة الجمع فقط.

لقد حرصنا في هذا الكتاب في قسم الوظائف والمهن أن نولّيَ عنايتنا للرّجال والنّساء على قَدم المُساواة، ولكن نظراً لِضيق المكان، تعذُّر علينا وضْع صورتين لكِلا الجنسَين للتعبير عن كلّ مهنة واكتفينا بصورة واحدة لأحد الجنسَين. وفي هذه الحالة يتَّبع جنس الكلمة جنس الشّخص المعروض في الصورة.

بما أنّ اللغة العربيّة تُكتب من اليمين إلى اليسار، يبدأ الفهرس العربي في نهاية الكتاب.

HINWEISE ZUR BENUTZUNG DES WÖRTERBUCHS

Mit den 1.500 nützlichsten Wörtern ist dieses Wörterbuch im täglichen Leben Ihr idealer Begleiter. Hier die wichtigsten Tipps, wie Sie den größten Nutzen aus dem Buch ziehen:

1. Schnell übersetzen

Dieses Wörterbuch ist nach den neun wichtigsten Themenfeldern aus dem Alltagsleben gegliedert. Ob im Haushalt, unterwegs oder im Beruf: Blättern Sie zum relevanten Kapitel und schon haben Sie die Wörter, die Sie brauchen, auf einen Blick. Sie suchen ein ganz bestimmtes Wort? Schlagen Sie einfach hinten im alphabetischen Index nach.

2. Die wichtigsten Sätze

In den neun Kapiteln finden Sie neben der reinen Wort-Bild-Zuordnung auch Sätze für die häufigsten Situationen.

3. Richtig aussprechen

Damit Sie jedes Wort richtig aussprechen, haben wir allen Wörtern und Sätzen eine Lautschrift beigefügt. Eine Übersicht über die verwendeten phonetischen Zeichen finden Sie auf der ersten Seite des Buches.

4. Ganz ohne Worte

Sollten Ihnen doch mal die Worte fehlen, zeigen Sie einfach auf das entsprechende Bild. So können Sie sich überall auf der Welt ganz ohne Sprache verständigen.

Das sollten Sie noch wissen

Die Wörter in diesem Wörterbuch stehen immer in der Einzahl, es sei denn sie werden in der Regel nur in der Pluralform verwendet.

Es war uns wichtig, bei Funktions- und Berufsbezeichnungen Männer und Frauen gleichermaßen und gleichberechtigt zu berücksichtigen. Da wir aber aus Platzgründen nicht immer beide Geschlechter gleichzeitig abbilden können, orientiert sich das Geschlecht des Wortes immer am Geschlecht der abgebildeten Figur.

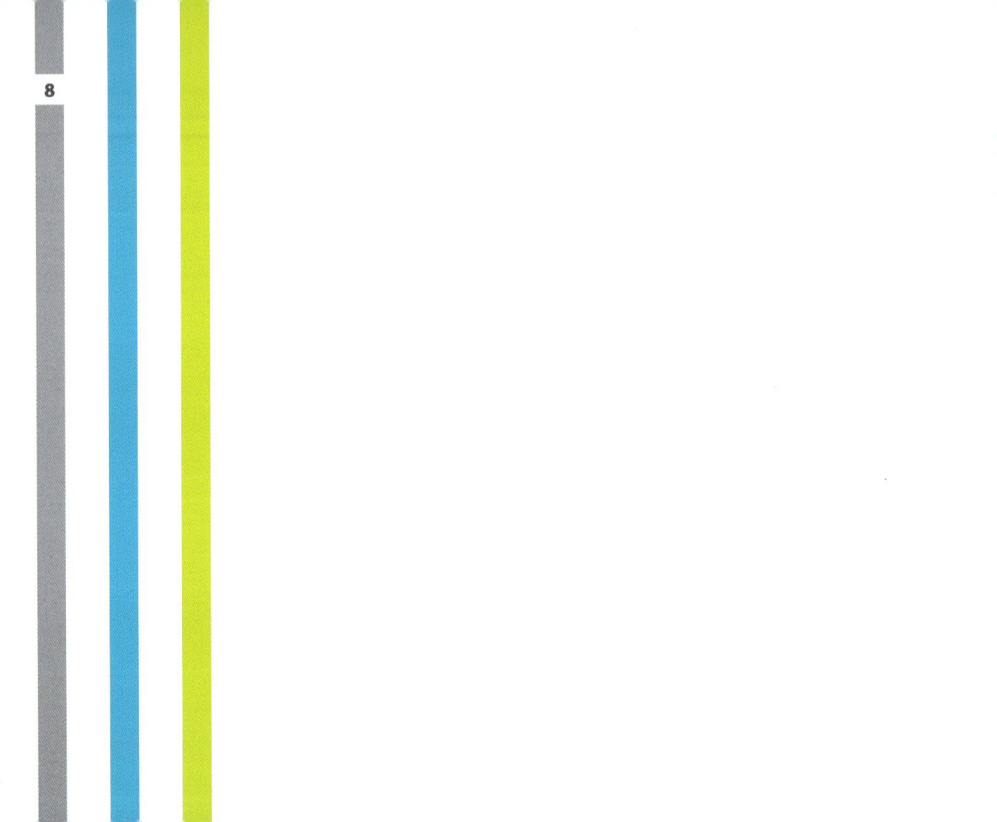

8

العائلة والصّداقة

FAMILIE UND FREUNDSCHAFT

العائِلَة – *DIE FAMILIE*

حَم
der Schwiegervater
-väter
[ˈʃviːɡɐfaːtɐ]

حَماة
die Schwiegermutter
-mütter
[ˈʃviːɡɐmʊtɐ]

زَوْجَة
die Ehefrau -en
[ˈeːəfrau]

زَوْجَة أخ
die Schwägerin
-nen [ˈʃvɛːɡərɪn]

أخو زَوْج
der Schwager
Schwäger [ˈʃvaːɡɐ]

زَوْج
der Ehemann
-männer [ˈeːəman]

زَوْجُ إبْنة
der Schwiegersohn
-söhne [ˈʃviːɡɐzoːn]

إبْنة
die Tochter
Töchter [ˈtɔxtɐ]

إبْن
der Sohn
Söhne [zoːn]

حَفيد
der Enkel -
[ˈɛŋkl̩]

حَفيدَة
die Enkelin -nen
[ˈɛŋkəlɪn]

جَد
der Großvater
-väter [ˈgroːsfaˌtɐ]

جَدَّة
die Großmutter
-mütter [ˈgroːsmʊtɐ]

أُم
die Mutter
Mütter [ˈmʊtɐ]

أَب
der Vater
Väter [faːtɐ]

عَمَّة
die Tante -n
[ˈtantə]

عَم
der Onkel -
[ˈɔŋkl̩]

أُخْت
die Schwester -n
[ˈʃvɛstɐ]

أَخ
der Bruder
Brüder [ˈbruːdɐ]

اِبْنَة عَمٍّ/ة، اِبنَة خالٍ/ة
die Cousine -n
[kuˈziːnə]

اِبْنَة أَخ/أُخْت
die Nichte -n
[ˈnɪçtə]

اِبْن أَخ/أُخْت
der Neffe -n
[ˈnɛfə]

علاقات – *BEZIEHUNGEN*

رَضيع
das Baby -s
[ˈbeːbi]

طِفْل
das Kind -er
[kɪnt]

اِمْرَأَة
die Frau
Frauen [frau]

سَيِّدَة...
Frau ...
[frau]

شابّة
die Jugendliche -n
[ˈjuːɡn̩tlɪçə]

تَوْأَم
die Zwillinge
Pl [ˈtsvɪlɪŋə]

زَوْجان
das Paar -e
[paːɐ̯]

صديقَة
die Freundin -nen
[ˈfrɔyndɪn]

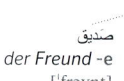

صَديق
der Freund -e
[ˈfrɔynt]

جَد و جَدّة	*die Großeltern* Pl	[ˈɡroːsʔɛltɐn]
والِدان	*die Eltern* Pl	[ˈɛltɐn]
زَوْجان	*das Ehepaar* -e	[ˈeːəpaːɐ̯]
عازِب	*ledig*	[ˈleːdɪç]
مُتَزَوِّج	*verheiratet*	[fɛɐ̯ˈhaiɾaːtet]
مُطَلَّق	*geschieden*	[ɡəˈʃiːdn̩]
أرْمَل	*verwitwet*	[fɛɐ̯ˈvɪtvət]
خالة	*die Tante* -n (mütterlicherseits)	[ˈtantə]
خال	*der Onkel* - (mütterlicherseits)	[ˈɔŋkl̩]

سَيِّد...
Herr ...
[hɛr]

رَجُل
der Mann
Männer [man]

وَلَد
der Junge -n
['jʊŋə]

بِنْت
das Mädchen -
['mɛːtçən]

عَرَّفَ (على)
jemanden vorstellen
[je:mandn̩ 'fɔɐ̯ʃtɛlən]

رَحَّبَ (ب)
jemanden begrüßen
[je:mandn̩ bə'gry:sn̩]

أَصْدِقاء
die Freunde
Pl ['frɔyndə]

صافَحَ
sich die Hand geben
[zɪç di: 'hant ge:bn̩]

إنْحَنى
sich verbeugen
[zɪç fɛɐ̯'bɔygn̩]

عانَقَ
sich umarmen
[zɪç ʊm'ʔarmən]

مَعْرِفَة
der/die Bekannte -n
[bə'kantə]

بالِغ	*der Erwachsene* -n	[ɛɐ̯'vaksnə]
إخْوَة و أَخَوات	*die Geschwister* Pl	[gə'ʃvɪstɐ]
عَرّاب	*der Patenonkel* -	['pa:tn̩ɔŋkl̩]
عَرّابة	*die Patentante* -n	['pa:tn̩tantə]
زَوْج أُم	*der Stiefvater* -väter	['ʃti:ffa:tɐ]
زَوْجة أَب	*die Stiefmutter* -mütter	['ʃti:fmʊtɐ]
أَخ غَيْر شَقيق	*der Stiefbruder* -brüder	['ʃti:fbru:dɐ]
أُخْت غَيْر شَقيقة	*die Stiefschwester* -n	['ʃti:fʃvɛstɐ]
جار	*der Nachbar* -n	['naxba:ɐ̯]
جارة	*die Nachbarin* -nen	['naxba:rɪn]

BEZIEHUNGEN – علاقات

أَعْطى قُبْلَة
jemandem einen Kuss geben [je:mandɛm ainən ˈkʊs ge:bn̩]

وَدَّعَ
sich verabschieden [zɪç fɛɐˈʔapʃiːdn̩]

لَوَّحَ
winken [ˈvɪŋkn̩]

ضَحِكَ
lachen [ˈlaxn̩]

بَكى
weinen [ˈvainən]

إتَّصَلَ (ب)
jemanden anrufen [je:mandn̩ ˈanruːfn̩]

هَدِيَّة صَغيرَة
das kleine Geschenk [klainə gəˈʃɛŋk]

مَرْحَبا!	*Hallo!*	[haˈlo:]
يَوْم سَعيد!	*Guten Tag!*	[guːtn̩ ˈtaːk]
صَباح الخَيْر!	*Guten Morgen!*	[guːtn̩ ˈmɔrgn̩]
مَساء الخَيْر!	*Guten Abend!*	[guːtn̩ ˈaːbn̩t]
ما اسْمُك؟	*Wie heißt du?*	[vi: ˈhaist du:]
ما اسْمُ حَضْرَتَك؟	*Wie heißen Sie?*	[vi: ˈhaisn̩ zi:]
إسْمي ...	*Ich heiße ...*	[ɪç ˈhaisə]
أَهْلاً وَسَهْلاً!	*Herzlich willkommen!*	[hɛrtslɪç vɪlˈkɔmən]
وَداعاً!	*Tschüss!*	[tʃy:s]
إلى اللِّقاء!	*Auf Wiedersehen!*	[auf ˈviːdɐzeːən]

زَفاف
die Hochzeit -en [ˈhɔxtsait]

يَوْمُ الميلاد
der Geburtstag -e [gəˈbuːɐtstaːk]

السّكن والأعمال المنزلية
WOHNUNG UND HAUSHALT

الشَّقَّة – *DIE WOHNUNG*

مَنْزِل لِعائِلَة واحِدَة
das Einfamilienhaus
-häuser
['ainfamiːliənhaus]

عِمارَة
das Mehrfamilienhaus
-häuser
['meːɐfamiːliənhaus]

صُنْدوق بَريد
der Briefkasten
-kästen
['briːfkastn̩]

جَرَس الباب
die Türklingel -n
['tyːɐklɪŋl]

هاتِف داخِلي
die Sprechanlage -n
['ʃprɛçʔanlaːgə]

رَقْم البَيْت
die Hausnummer -n
['hausnʊmɐ]

مِفْتاح البَيْت
der Hausschlüssel -
['hausʃlʏsl]

قِفْل الباب
das Türschloss
-schlösser ['tyːɐʃlɔs]

سِجادَة الباب
der Fußabtreter -
['fuːsaptreːtɐ]

شَقَّة تَمْليك	*die Eigentumswohnung* -en	['aigntuːmsvoːnʊŋ]
شَقَّة إيجار	*die Mietwohnung* -en	['miːtvoːnʊŋ]
بَهْو	*der Hof* Höfe	[hoːf]
مِلْكِيَّة	*das Eigentum* -e	['aigntuːm]
أَرْض عَقار	*das Grundstück* -e	['grʊntʃtʏk]
تَغْيير في البِناء	*der Umbau* -bauten	['ʊmbau]
بِناء مُلْحَق	*der Anbau* -bauten	['anbau]
لِلْبَيْع	*zu verkaufen*	[tsu fɛɐ'kaufn̩]

بَوَّاب
der Hausmeister -
[ˈhausmaistɐ]

سَقِيفَة
der Dachboden
-**böden** [ˈdaxboːdn̩]

قَبْو
der Keller -
[ˈkɛlɐ]

مَمَر
der Flur -e
[fluːɐ̯]

مِصْعَد
der Aufzug
Aufzüge [ˈauftsuːk]

مَرْأب
die Garage -n
[gaˈraːʒə]

كاشِف دُخَان
der Rauchmelder -
[ˈrauxmɛldɐ]

بَيْت الدَّرَج
das Treppenhaus
-**häuser** [ˈtrɛpn̩haus]

إسْتَأجَرَ	mieten	[ˈmiːtn̩]
إيجار	*die Miete* -n	[ˈmiːtə]
أجَّرَ	vermieten	[fɛɐ̯ˈmiːtn̩]
مؤَجِّر	*der Vermieter* -	[fɛɐ̯ˈmiːtɐ]
مؤَجِّرَة	*die Vermieterin* -nen	[fɛɐ̯ˈmiːterin]
مُسْتَأجِر	*der Mieter* -	[ˈmiːtɐ]
مُسْتَأجِرة	*die Mieterin* -nen	[ˈmiːterin]
مَبْلَغ ضَمان	*die Kaution* -en	[kauˈtsi̯oːn]

عَقْد إيجار
der Mietvertrag
-**verträge** [ˈmiːtfɛɐ̯traːk]

المَنْزِل – *DAS HAUS*

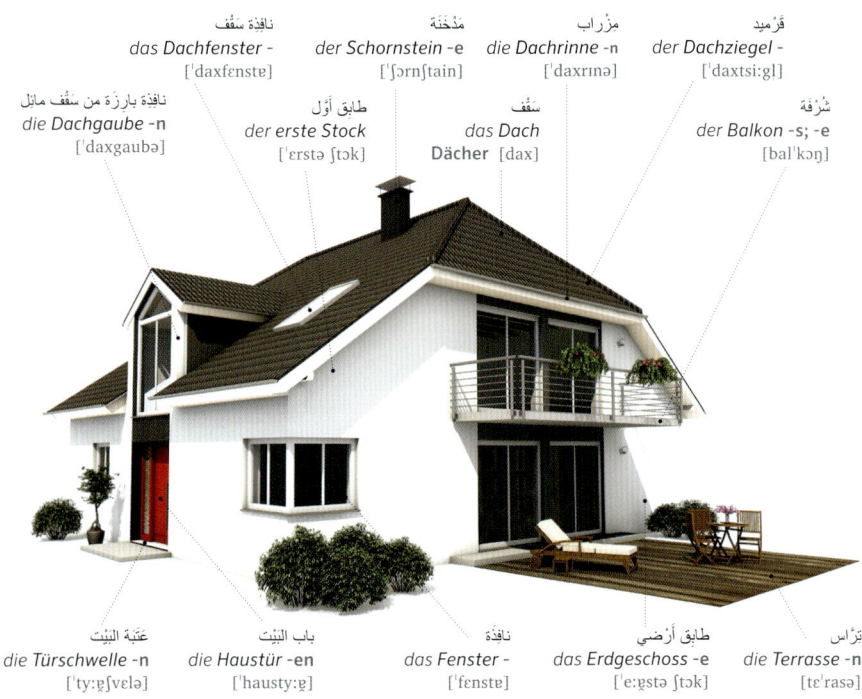

نافِذة سَقْف
das Dachfenster -
[ˈdaxfɛnstɐ]

مَدْخَنة
der Schornstein -e
[ˈʃɔrnʃtain]

مِزْراب
die Dachrinne -n
[ˈdaxrɪnə]

قَرْميد
der Dachziegel -
[ˈdaxtsiːgl̩]

نافِذة بارِزة من سَقْف مائِل
die Dachgaube -n
[ˈdaxgaubə]

طابِق أوّل
der erste Stock
[ˈɛrstə ʃtɔk]

سَقْف
das Dach
Dächer [dax]

شُرْفة
der Balkon -s; -e
[balˈkɔn]

عَتَبة البَيْت
die Türschwelle -n
[ˈtyːɐ̯ʃvɛlə]

باب البَيْت
die Haustür -en
[ˈhaustyːɐ̯]

نافِذة
das Fenster -
[ˈfɛnstɐ]

طابِق أرْضي
das Erdgeschoss -e
[ˈeːɐ̯gstə ʃtɔk]

تِرّاس
die Terrasse -n
[tɛˈrasə]

عَلّاقة مَفاتيح
das Schlüsselbrett -er
['ʃlʏsl̩brɛt]

مِشْجَب
der Kleiderhaken -
['klaidɐha:kn̩]

عَلّاقة ثِياب
der Kleiderbügel -
['klaidɐby:gl̩]

لَبيسَة حِذاء
der Schuhlöffel -
['ʃu:lœfl̩]

مَكْتَبة
das Bücherregal -e
['by:çɐrega:l]

خِزانة بِواجِهة زُجاجِيّة
die Vitrine -n
[vi'tri:nə]

طاوِلة تِلفاز
die Fernsehbank
-bänke ['fɛrnze:baŋk]

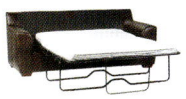

أريكة سَرير
die Schlafcouch -en; -s
['ʃla:fkaʊtʃ]

مَزْهرِيَّة
die Blumenvase -n
['blu:mənva:zə]

كومودينة جانِبية
die Anrichte -n
['anrɪçtə]

كُرسي طَعام للأطْفال
der Hochstuhl
-stühle ['ho:xʃtu:l]

ساعة حائِط
die Wanduhr -en
['vantʔu:ɐ]

حُجرة الجُلوس – *DAS WOHNZIMMER*

مِرآة
der Spiegel -
[ˈʃpiːɡl̩]

سِتارة
der Vorhang
Vorhänge [ˈfoːɡhaŋ]

مِرْوَحَة
der Ventilator -en
[vɛntiˈlaːtoːɐ̯]

سَقْف
die Decke -n
[ˈdɛkə]

أريكة
das Sofa -s
[ˈzoːfa]

مِصباح
die Lampe -n
[ˈlampə]

كومودينة جانبية
der Beistellschrank
-schränke [ˈbaiʃtɛlʃraŋk]

مِدْفَئَة حطَب
der Kamin -e
[kaˈmiːn]

كَنَبَة مُفْرَدَة
der Sessel -
[ˈzɛsl̩]

طاوِلة غُرْفَة الجُلوس
der Couchtisch -e
[ˈkautʃtɪʃ]

سِجّادة
der Teppichboden
-böden [ˈtɛpɪçboːdn̩]

ستار على بَكْرة
das Rollo -s
[ˈrɔlo]

ثُرَيّا
der Kronleuchter -
[ˈkroːnlɔyçtɐ]

كُرْسي
der Stuhl
Stühle [ʃtuːl]

خِزانة بواجِهَة زُجاجِيَّة
die Vitrine -n
[viˈtriːnə]

نَبْتة مَنْزِليّة
die Zimmerpflanze -n
[ˈtsɪmɐpflantsə]

حافة نافِذة
das Fensterbrett -er
[ˈfɛnstɐbrɛt]

طاوِلة طَعام
der Esstisch -e
[ˈɛstɪʃ]

غِطاء طاوِلة
der Tischläufer -
[ˈtɪʃlɔyfɐ]

زينة الطاوِلة
die Tischdekoration
-en [ˈtɪʃdekoratsjoːn]

شَمْعة
die Kerze
-n [ˈkɛrtsə]

أَرْضيّة خَشْبية
der Holzboden
-böden
[ˈhɔltsboːdn̩]

المَطْبَخ – *DIE KÜCHE*

مَطْبَخ مُجَهَّز
die Einbauküche -n
[ˈainbaukʏçə]

مَكان تَحْضِير الطَّعام
die Arbeitsplatte -n
[ˈarbaitsplatə]

غَسّالة صُحون
die Spülmaschine -n
[ˈʃpyːlmaʃiːnə]

خِزانة مُعَلَّقة
der Hängeschrank
-schränke [ˈhɛŋəʃraŋk]

شَفّاط بُخار
die Dunstabzugshaube -n
[ˈdʊnstʔaptsuːkshaubə]

مَوْقِد
der Herd -e
[heːɐt]

ثَلّاجة
der Kühlschrank
-schränke [ˈkyːlʃraŋk]

فُرْن
der Backofen
-öfen [ˈbakʔoːfn̩]

حَوْض
das Spülbecken -
[ˈʃpyːlbɛkn̩]

مَقْعَد مَطْبَخ
der Küchenhocker -
[ˈkʏçn̩hɔkɐ]

دُرْج
die Schublade -n
[ˈʃuːplaːdə]

مُجَمِّد
der Gefrierschrank
-schränke [gəˈfriːɐ̯ʃraŋk]

فُرْن ميكرووِيف
die Mikrowelle **-n**
[ˈmiːkrovɛlə]

خَلّاط
der Mixer **-**
[ˈmɪksɐ]

ماكينة المَطْبَخ
die Küchenmaschine **-n**
[ˈkʏçnmaʃiːnə]

خَفّاق كَهْرُبائي
das Handrührgerät **-e**
[ˈhantryːɡɡəʁɛːt]

غَلّاية ماء
der Wasserkocher **-**
[ˈvasɐkɔxɐ]

مَحْمَصَة خُبْز
der Toaster **-**
[ˈtoːstɐ]

ميزان مَطْبَخ
die Küchenwaage **-n**
[ˈkʏçnvaːɡə]

طاهي أُرْز
der Reiskocher **-**
[ˈraiskɔxɐ]

ماكينة قَهْوَة
die Kaffeemaschine **-n**
[ˈkafemaʃiːnə]

مَناديل مطبخ
das Küchenpapier **-e**
[ˈkʏçnpapiːɐ]

مَرْيَلَة
die Schürze **-n**
[ˈʃʏrtsə]

صينيّة خَبْز
das Backblech **-e**
[ˈbakblɛç]

المَطْبَخ – *DIE KÜCHE*

صينِيَّة
das Tablett -s; -e
[taˈblɛt]

قُفّاز فُرْن
der Topfhandschuh -e
[ˈtɔpfhantʃuː]

قَشّارَة
der Schäler -
[ˈʃɛːlɐ]

لَوْح تَقْطيع
das Schneidebrett -er
[ˈʃnaidəbrɛt]

سِكّين مَطْبَخ
das Küchenmesser -
[ˈkʏçn̩mɛsɐ]

مِنْخَل
das Küchensieb -e
[ˈkʏçnziːp]

فَتّاحَة عُلَب
der Dosenöffner -
[ˈdoːznœfnɐ]

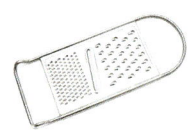
مِبْشَرَة
die Reibe -n
[ˈraibə]

مِلْعَقَة خَشَبِيَّة
der Kochlöffel -
[ˈkɔxlœfl̩]

مِقْلاة
die Bratpfanne -n
[ˈbraːtpfanə]

مِقْلاة ووك
der Wok -s
[vɔk]

قِدْر طَهي
der Kochtopf
-töpfe [ˈkɔxtɔpf]

غُرْفَة النَّوم – *DAS SCHLAFZIMMER*

سَرير مُزْدَوج
das Doppelbett -en
[ˈdɔplbɛt]

مِخَدَّة
das Kopfkissen -
[ˈkɔpfkɪsn]

غِطاء مِخَدَّة
der Kissenbezug
-bezüge [ˈkɪsnbətsuːk]

مِصْباح سَرير
die Nachttischlampe -n
[ˈnaxttɪʃlampə]

مَجْموعة أَدْراج
die Kommode -n
[kɔˈmoːdə]

غِطاء سَرير
die Bettdecke -n
[ˈbɛtdɛkə]

شَرْشَف
das Laken -
[ˈlaːkn]

سَجّادة
der Teppich -e
[ˈtɛpɪç]

مَقْعَد
der Hocker -
[ˈhɔkɐ]

فِراش
die Matratze -n
[maˈtratsə]

طاولة سَرير جانِبِيّة
der Nachttisch -e
[ˈnaxttɪʃ]

غُرْفَة الأطفال – *DAS KINDERZIMMER*

كُرَة
der Ball Bälle
[bal]

دَمْية
die Puppe -n
[ˈpʊpə]

حَقيبة تَغْيير
die Wickeltasche -n
[ˈvɪkl̩taʃə]

عَرَبة أطْفال
der Kinderwagen -
[ˈkɪndɐvaːgn̩]

جِهاز مُراقَبة الطِّفْل
das Babyfon® -e
[ˈbeːbifoːn]

مَلْعَب يَقْضِبان مُتَنَقِّل
der Laufstall
-ställe [ˈlaufʃtal]

مِبْوَلَة
das Töpfchen -
[ˈtœpfçən]

مَهْد
die Babytragetasche -n
[ˈbeːbitraːgətaʃə]

حَقيبة مَدْرَسِة
der Schulranzen -
[ˈʃuːlrantsn̩]

مُكَعَّبات
das Bauklötzchen -
[ˈbauklœtsçən]

لِحاف بِشَكْل كيس
der Babyschlafsack
-säcke [ˈbeːbiʃlaːfzak]

خَشْخاشَة
die Rassel -n
[ˈrasl̩]

مِرْآة
der Spiegel -
[ˈʃpiːɡl]

حَوْض غَسْل
das Waschbecken -
[ˈvaʃbɛkn]

دُش
die Dusche -n
[ˈduːʃə]

مِنْشَفة يَد
das Handtuch
-tücher [ˈhanttuːx]

حَنَفِيّة
der Wasserhahn
-hähne
[ˈvasɐhaːn]

حَوْض اسْتِحْمام
die Badewanne -n
[ˈbaːdəvanə]

مِرْحاض
die Toilette -n
[twaˈlɛtə]

مُنَظِّف مِرْحاض
der Klostein -e
[ˈkloːʃtain]

وَرق مِرْحاض
das Toilettenpapier -e
[twaˈlɛtnpapiːɐ]

فُرْشاة مِرْحاض
die Klobürste -n
[ˈkloːbʏrstə]

غُرْفَةُ الغَسيل – *DIE WASCHKÜCHE*

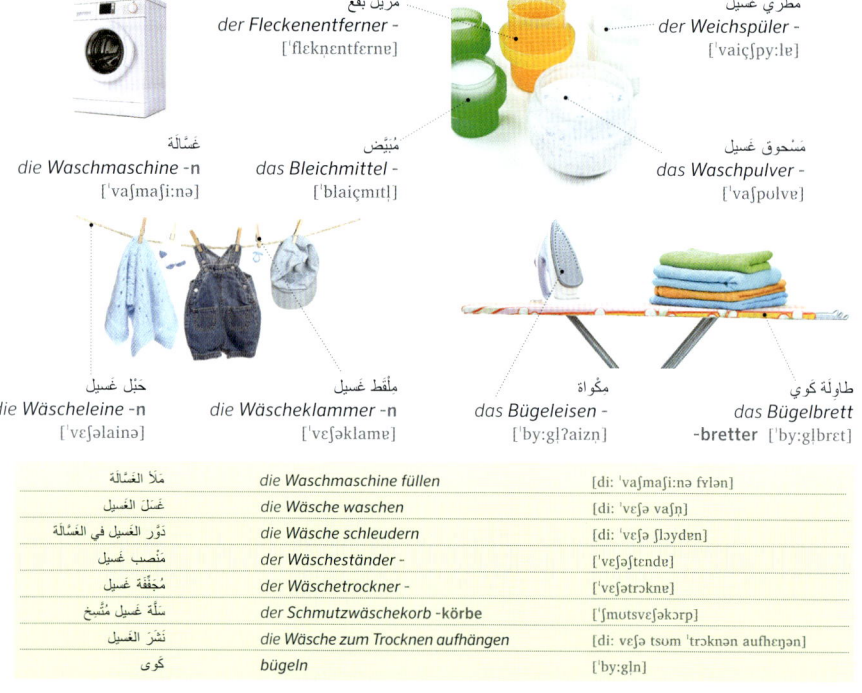

مُزيل بُقَع
der Fleckenentferner -
['flɛknɛntfɛrnɐ]

مُطرّي غسيل
der Weichspüler -
['vaiçʃpy:lɐ]

غَسّالة
die Waschmaschine -n
['vaʃmaʃi:nə]

مُبيّض
das Bleichmittel -
['blaiçmɪtl]

مَسحوق غَسيل
das Waschpulver -
['vaʃpulvɐ]

حَبْل غَسيل
die Wäscheleine -n
['vɛʃəlainə]

ملْقَط غَسيل
die Wäscheklammer -n
['vɛʃəklamɐ]

مكْواة
das Bügeleisen -
['by:glʔaizn]

طاولة كَوي
das Bügelbrett
-bretter ['by:glbrɛt]

مَلأ الغَسّالة	*die Waschmaschine füllen*	[di: 'vaʃmaʃi:nə fʏlən]
غَسَل الغَسيل	*die Wäsche waschen*	[di: 'vɛʃə vaʃn]
دَوّر الغَسيل في الغَسّالة	*die Wäsche schleudern*	[di: 'vɛʃə ʃloydɐn]
مَنصب غَسيل	*der Wäscheständer* -	['vɛʃəʃtɛndɐ]
مُجفّفة غَسيل	*der Wäschetrockner* -	['vɛʃətrɔknɐ]
سلّة غَسيل مُتّسخ	*der Schmutzwäschekorb* -körbe	['ʃmʊtsvɛʃəkɔrp]
نَشَرَ الغَسيل	*die Wäsche zum Trocknen aufhängen*	[di: vɛʃə tsʊm 'trɔknən aufhɛŋən]
كَوى	*bügeln*	['by:gln]

مُنَظِّف
das Reinigungsmittel -
[ˈraɪnɪgʊŋsmɪtl]

سائل جَلي
das Spülmittel -
[ˈʃpyːlmɪtl]

فُرْشاة مِرْحاض
die Bürste -n
[ˈbʏrstə]

بَخّاخة
die Sprühflasche -n
[ˈʃpryːflaʃə]

مِمْسَحة زُجاج
der Gummiwischer -
[ˈgʊmivɪʃɐ]

مِجْرَفة
die Kehrschaufel -n
[ˈkeːɐ̯ʃaʊfl]

فُرْشاة
der Handfeger -
[ˈhantfeːgɐ]

مِمْسَحة أرْض
der Wischmopp -s
[ˈvɪʃmɔp]

إسْفَنْجة
der Schwamm
Schwämme [ʃvam]

قُفّاز مَطّاطي
der Gummihandschuh -e
[ˈgʊmihantʃuː]

دَلو
der Eimer -
[ˈaɪmɐ]

مُنَظِّف مِرْحاض
der WC-Reiniger -
[veːˈtseː raɪnɪgɐ]

وَرْشَة المَنْزِل – *DIE HEIMWERKSTATT*

منْشار يَدَوي
die Handsäge -n
['hantzɛ:gə]

وَرَق زُجاج
das Schleifpapier -e
['ʃlaifpapi:ɐ]

مشْرَط سِجّاد
das Teppichmesser -
['tɛpɪçmɛsɐ]

مفْتاح بَراغي
der Schraubenschlüssel -
['ʃraubnʃlʏsl̩]

شَريط قِياس
das Maßband
-bänder ['ma:sbant]

مسْمار
der Nagel
Nägel ['na:gl̩]

مطْرَقة
der Hammer
Hämmer ['hamɐ]

ميزان زَئْبَقي
die Wasserwaage -n
['vasɐva:gə]

بيئْسَة
die Kombizange -n
['kɔmbitsaŋə]

مفك بَراغي
der Schraubenzieher -
['ʃraubn̩tsi:ɐ]

بُرْغي
die Schraube -n
['ʃraubə]

عَزْقة
die Mutter -n
['mʊtɐ]

مِثْقاب بَطّارِيّة
der Akkubohrer -
['akuboːɐ]

بَطّارِيّة
der Akku -s
['aku]

مِثْقاب
der Bohrer -
['boːɐ]

مِثْقاب كَهْرُبائي
der Elektrobohrer -
[e'lɛktroboːɐ]

مِكْنَسة
der Besen -
['beːzn]

كيس قَمامة
der Müllbeutel -
['mʏlbɔytl]

سِكّين جَيْب
das Taschenmesser -
['taʃnmɛsɐ]

مِفْتاح مُسَنْسَني
der Inbusschlüssel -
['ɪnbusʃlʏsl]

وَرْشَة المَنْزِل – *DIE HEIMWERKSTATT*

مادّة مُميِّعة
das Verdünnungsmittel -
[fɛɐ̯ˈdʏnʊŋsmɪtl̩]

فُرْشاة مُسَطَّحة
der Flachpinsel -
[ˈflaxpɪnzl̩]

ألصَقَ وَرَق الحائط
tapezieren
[tapeˈtsiːrən]

لَفافة من وَرَق الحائط
die Tapetenrolle -n
[taˈpeːtn̩rɔlə]

طاوِلة لَصْق وَرَق الحائط
der Tapeziertisch -e
[tapeˈtsiːɐ̯tɪʃ]

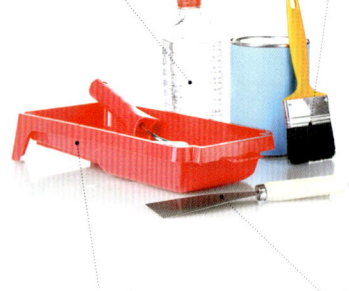

صينيّة طِلاء
die Farbwanne -n
[ˈfarpvanə]

مِكْشَطة
der/die Spachtel -
[ˈʃpaxtl̩]

شَريط واقي
das Abdeckband
-bänder [ˈapdɛkbant]

لَوْن
die Farbe -n
[ˈfarbə]

صُنْدوق العُدّة
der Werkzeugkasten
-kästen [ˈvɛrktsɔykkastn̩]

رَكَّبَ بَلاط	*kacheln*	[ˈkaxl̩n]
طَيَّنَ	*verputzen*	[fɛɐ̯ˈpʊtsn̩]
مَعْجَنَ	*spachteln*	[ˈʃpaxtl̩n]
نَزَعَ وَرَق الحائط	*die Tapete entfernen*	[diː taˈpeːtə ɛntfɛrnən]
غِطاء واقي	*die Abdeckfolie -n*	[ˈapdɛkfoːljə]
مَعْجون لِتَسْوِية الأسْطُح	*die Spachtelmasse -n*	[ˈʃpaxtl̩masə]
مادّة مُذيبة	*das Lösungsmittel -*	[ˈløːzʊŋsmɪtl̩]
مادّة عازِلة	*das Versiegelungsmittel -*	[fɛɐ̯ˈziːɡəlʊŋsmɪtl̩]

مِشْعاع
der Heizkörper -
['haitskœrpɐ]

مِقْبَس
die Steckdose -n
['ʃtɛkdoːzə]

قابِس
der Stecker -
['ʃtɛkɐ]

كابِل تَمْديد
das Verlängerungskabel -
[fɛɐ̯'lɛŋɐrʊŋskaːbl̩]

مِفْتاح أمان
die Sicherung -en
['zɪçərʊŋ]

عَدّاد كَهْرُباء
der Stromzähler -
['ʃtroːmtsɛːlɐ]

مِصْباح
die Energiesparlampe -n
[enɛr'giːʃpaːɐ̯lampə]

لَمْبة
die Glühbirne -n
['glyːbɪrnə]

مِفْتاح
der Schalter -
['ʃaltɐ]

مِقْبَس مُتَعَدِّد
die Mehrfachsteckdose
-n ['meːɐ̯faxʃtɛkdoːzə]

فَتَح/أغْلَقَ التَّدفِئَة	die Heizung anschalten/ausschalten	[di: 'haitsʊŋ anʃaltn̩/ ausʃaltn̩]
تَدْفِئة بالطّاقة الشَّمْسِيّة	die Solarheizung -en	[zo'laːɐ̯haitsʊŋ]
تَدْفِئة مَرْكَزِيّة	die Zentralheizung -en	[tsɛn'traːlhaitsʊŋ]
تَدْفِئة تَحْت البِلاط	die Fußbodenheizung -en	['fuːsboːdn̩haitsʊŋ]
صُنْدوق المَفاتيح	der Sicherungskasten -kästen	['zɪçərʊŋskastn̩]
خَطّ كَهْرُبائي	die Leitung -en	['laitʊŋ]
وَصْلَة	der Adapter -	[a'daptɐ]

خُرطوم رَي
der Gartenschlauch
-schläuche
['gartṇʃlaux]

مِقَص زُهور
die Rosenschere -n
['ro:znʃe:rə]

مِجْراف
der Spaten -
['ʃpa:tṇ]

مِشَط
der Rechen -
['rɛçṇ]

جَزَّازَة عُشْب
der Rasenmäher -
['ra:znmɛ:ɐ]

نَقَّالَة
die Schubkarre -n
['ʃu:pkarə]

جَزَّ العُشْب
den Rasen mähen
[de:n 'ra:zṇ mɛ:ən]

أزال الأعْشاب الضّارَّة
Unkraut jäten
['ʊnkraut jɛ:tṇ]

قَلَّم
zurückschneiden
[tsu'rykʃnaidṇ]

سَمَّد	düngen	['dʏŋən]
جَنَى	ernten	['ɛrntṇ]
رَبَّى	züchten	['tsʏçtṇ]
كَثَّر	vermehren	[fɛɐ'me:rən]
سَقَى	gießen	['gi:sṇ]
شَتْلَة	der Sämling -e	['zɛ:mlɪŋ]
سَماد	der Dünger -	['dʏŋɐ]
مُبيد الأعْشاب الضّارَّة	der Unkrautvernichter -	['ʊnkrautfɛɐnɪçtɐ]

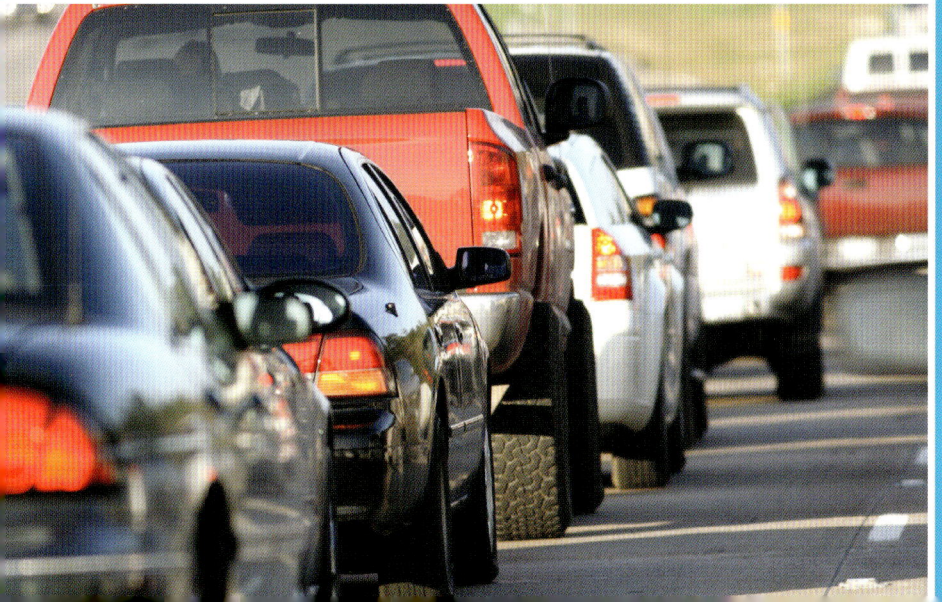

الطرق والسِّكك الحديدَية
STRASSE UND SCHIENE

الشَّوارع والمواصَلات – **STRASSEN UND VERKEHR**

مِصباح طَريق
① *die Straßenlaterne* -n
['ʃtraːsnlatɛrnə]

إشارَة مُرور للمُشاة
② *die Fußgängerampel*
-n ['fuːsgɛŋɐʔampl̩]

رَصيف
③ *der Bürgersteig* -e
['bʏrgɐʃtaik]

إشارَة مُرور
④ *die Ampel* -n
['ampl̩]

حارَة
⑤ *die Fahrspur* -en
['faːɐ̯ʃpuːɐ̯]

نَفَق
der Tunnel -; -s
['tʊnl̩]

مَعْبَر مُشاة
der Zebrastreifen -
['tseːbraʃtraifn̩]

جِسْر
die Brücke -n
['brʏkə]

دَوّار
der Kreisverkehr -e
['kraisfɛɐ̯keːɐ̯]

الشَّوارِعِ وَالمواصَلات – *STRASSEN UND VERKEHR*

طَرِيق سَرِيع
die Autobahn -en
[ˈautobaːn]

حارَة وُسْطى
① *der Mittelstreifen* -
[ˈmɪtlʃtraifn]

حارَة تَجاوُز
② *die Überholspur* -en
[yˈbɐˈhoːlʃpuːɐ̯]

طَرِيق عُلْوي
③ *die Überführung* -en
[yˈbɐˈfyːrʊŋ]

ممَر سُفْلي
④ *die Unterführung*
-en [ʊntɐˈfyːrʊŋ]

مَدْخَل
⑤ *die Einfahrt*
-en [ˈainfaːɐ̯t]

مَخْرَج
⑥ *die Ausfahrt*
-en [ˈausfaːɐ̯t]

تَقاطُع	die Kreuzung -en	[ˈkrɔytsʊŋ]
أَفْضَلِيَّة مُرور	die Vorfahrt kein Pl	[ˈfoːɐ̯faːɐ̯t]
تَجاوُز سُرْعة	die Geschwindigkeitsüberschreitung -en	[gəˈʃvɪndɪçkaitsˌyːbɐʃraitʊŋ]
تَوَقَّف	anhalten	[ˈanhaltn̩]
حارَة تَوَقَّف	der Standstreifen -	[ˈʃtantʃtraifn̩]
اسْتِراحة	die Raststätte -n	[ˈrastʃtɛtə]
لَوْحَة مَسافات	die Entfernungstafel -n	[ɛntˈfɛrnʊŋstaːfl̩]
ساق إلى الخَلْف	rückwärtsfahren	[ˈrʏkvɛrtsfaːrən]

اِزْدِحام
der Stau -s
[ʃtau]

STRASSEN UND VERKEHR – الشَّوارِع وَالمواصَلات

مَمْنوع الدُّخول
Einfahrt verboten
[ˈainfaːɐ̯t fɛɐ̯ˈboːtn̩]

مَمْنوع التَّوَقُّف
das Halteverbot -e
[ˈhaltəfɛɐ̯boːt]

مَمْنوع الانْعِطاف لِليَمين
Einbiegen nach rechts verboten [ˈainbiːgn̩ naːx rɛçts fɛɐ̯ˈboːtn̩]

مَمْنوع الانْعِطاف لِليَسار
Einbiegen nach links verboten [ˈainbiːgn̩ naːx lɪŋksfɛɐ̯ˈboːtn̩]

مَمْنوع الدَّوَران
Wenden verboten
[ˈvɛndn̩ fɛɐ̯ˈboːtn̩]

أعْمال إصْلاح
die Baustelle -n
[ˈbauʃtɛlə]

سَيْر مُعاكِس
der Gegenverkehr kein Pl [ˈgeːgnfɛɐ̯keːɐ̯]

إنْحِدار
das Gefälle -
[gəˈfɛlə]

ثَلْج وَصَقيع
die Schnee- oder Eisglätte kein Pl
[ˈʃneː oːdɐ ˈaisglɛtə]

تَحْديد السُّرْعَة
die Geschwindigkeits- begrenzung -en
[gəˈʃvɪndɪçkaitsbəgrɛntsʊŋ]

ضَمان أفْضَلِيَّة المُرور!
Vorfahrt gewähren!
[ˈfɔɐ̯faːɐ̯t gəˈvɛːrən]

شارِع بِاتِّجاه واحِد
die Einbahnstraße -n
[ˈainbaːnʃtraːsə]

جهَة المُرافِق
die Beifahrerseite
-n [ˈbaifaːrezaitə]

سَقْف
das Dach
Dächer [dax]

زُجاج أمامي
die Windschutzscheibe
-n [ˈvɪntʃʊtsʃaibə]

جهَة السَّائق
die Fahrerseite
-n [ˈfaːrezaitə]

ضَوْء غَمّاز
das Blinklicht
-er [ˈblɪŋklɪçt]

مِرْآة رُؤْية خَلْفِيَة
der Rückspiegel
- [ˈrʏkʃpiːgl]

عَجَلة
das Rad
Räder [raːt]

مِسّاحَة زُجاج
der Scheibenwischer
- [ˈʃaibnvɪʃɐ]

لَوْحة رَقْم السَّيَّارَة
das Nummernschild
-er [ˈnʊmɐnʃɪlt]

مُبَرِّد
der Kühlergrill
-s [ˈkyːlɐɡrɪl]

ضَوْء ضَباب
der Nebelscheinwerfer
- [ˈneːblʃainvɐfɐ]

مِصَدّ
die Stoßstange
-n [ˈʃtoːsʃtaŋə]

السَّيَّارَة – *DAS AUTO*

غطاء مُحَرِّك
① *die Motorhaube*
-n [ˈmoːtoːɡhaubə]

مِرْآة جانِبِيَّة
② *der Seitenspiegel*
- [ˈzaitn̩ʃpiːɡl̩]

باب سَيَّارَة
③ *die Autotür*
-en [ˈautotyːɐ̯]

غطاء عَجَلَة
④ *die Radkappe*
-n [ˈraːtkapə]

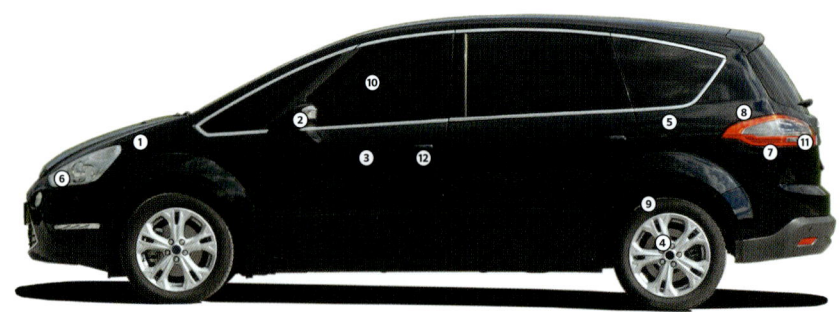

مَكان الأَمْتِعَة
⑤ *der Kofferraum*
-räume [ˈkɔfɐraum]

كَشَّاف
⑥ *der Scheinwerfer*
- [ˈʃainvɛrfɐ]

ضَوْء الفَرْمَلَة
⑦ *die Bremsleuchte*
-n [ˈbrɛmslɔyçtə]

ضَوْء خَلْفِي
⑧ *die Rückleuchte*
-n [ˈrʏklɔyçtə]

إطار مَطَّاطِي
⑨ *der Reifen*
- [ˈraifn̩]

نافِذَة جانِبِيَّة
⑩ *das Seitenfenster*
- [ˈzaitn̩fɛnstɐ]

كَشَّاف الرُّجوع لِلْخَلْف
⑪ *der Rückfahr-
scheinwerfer*
- [ˈrʏkfaːɐ̯ʃainvɛrfɐ]

مَقْبِض باب
⑫ *der Türgriff*
-e [ˈtyːɐ̯ɡrɪf]

مِرْآة جانبِيَّة
① der Seitenspiegel
- ['zaitnʃpiːgl̩]

لَوْحَة قِيادَة
② das Armaturenbrett
-er [arma'tuːrənbrɛt]

صُنْدوق التابْلوه
③ das Handschuhfach
-fächer ['hantʃuːfax]

فَرامِل اليَد
⑥ die Handbremse
-n ['hantbrɛmzə]

مَقْعَد المُرافِق
④ der Beifahrersitz
-e ['baifaːrezɪts]

مَقْعَد السّائِق
⑦ der Fahrersitz
-e ['faːrezɪts]

ذِراع تَعْشيق
⑤ der Schalthebel
- ['ʃalthéːbl̩]

عَجَلَة قِيادَة
⑧ das Lenkrad
-räder ['lɛŋkraːt]

ذِراع الضَّوْء الغَمّاز
der Blinkerhebel
- ['blɪŋkɐheːbl̩]

مَسْنَد القَدَمَيْن	die Fußstütze -n	['fuːsʃtʏtsə]
دَوّاسة دِبْرِياج	das Kupplungspedal -e	['kʊplʊŋspedaːl]
دَوّاسة فَرامِل	das Bremspedal -e	['brɛmspedaːl]
دَوّاسة سُرْعَة	das Gaspedal -e	['gaːspedaːl]
حِزام أَمان	der Sicherheitsgurt -e	['zɪçɐhaitsgʊrt]
مَسْنَد رَأْس	die Kopfstütze -n	['kɔpfʃtʏtsə]
كيس هَواء	der Airbag -s	['ɛːɐbɛk]
بوق	die Hupe -n	['huːpə]

مَوَشِّر السَّعْر
die Preisanzeige
-n [ˈpraisʔantsaigə]

مَوَشِّر كمِّية الوَقود
die Literanzeige
-n [ˈliːtɐʔantsaigə]

طَفَّايَة حريق
der Feuerlöscher
- [ˈfɔyɐlœʃɐ]

مضخَّة بَنْزين
die Zapfsäule
-n [ˈtsapfzɔylə]

جهاز نَفْخ الإطارات
das Reifenfüllgerät
-e [ˈraifnfylɡəreːt]

عَبَأَ بِنْزين
tanken
[ˈtaŋkn̩]

بَنْزين
das Benzin
kein Pl [bɛnˈtsiːn]

خالي من الرَّصاص
bleifrei
[ˈblaifrai]

ديزل
der Diesel
kein Pl [ˈdiːzl̩]

مُحْتَوٍ على الرَّصاص
verbleit
[fɛɐ̯ˈblait]

خَرْطوم تَعْبِئَة
der Zapfschlauch
-schläuche
[ˈtsapfʃlaux]

مُحرِّك	*der Motor* -en	[ˈmoːtoːɐ̯]
خَزَّان وَقود	*der Benzintank* -s	[bɛnˈtsiːntaŋk]
صَنْدوق التُروس	*das Getriebe* -	[ɡəˈtriːbə]
جهاز تَبْريد	*der Kühler* -	[ˈkyːlɐ]
مِرْوَحَة	*der Ventilator* -en	[vɛntiˈlaːtoːɐ̯]
بَطَّارِيَّة	*die Batterie* -n	[batəˈriː]
كابِح صَوْت	*der Auspufftopf* -töpfe	[ˈauspuftɔpf]
ماسورَة عادِم	*das Auspuffrohr* -e	[ˈauspufroːɐ̯]

STRASSE UND SCHIENE – الطرق والسِّكك الحديدية

عُطْل بالعجلة
den Reifen wechseln
[deːn ˈraifn̩ vɛksln̩]

عجلة احتياطيّة
das Reserverad
-räder [reˈzɛrvəraːt]

مفتاح عزَقات العجلة
der Radmutternschlüssel
- [ˈraːtmʊtɐnʃlʏsl̩]

عطب بالعجلة
die Reifenpanne
-n [ˈraifn̩panə]

حادث سَيَّارة	der *Verkehrsunfall* **-unfälle**	[fɛɐ̯ˈkeːɐ̯sʔʊnfal]
حدث عطب لسَيَّارتي	*Ich habe eine Panne.*	[ɪç haːbə ainə ˈpanə]
هل تَسْتَطيعُ الاتّصال بخِدْمة الصِّيانة؟	*Könnten Sie bitte den Pannendienst anrufen?*	[kœntn̩ ziː bɪtə deːn ˈpanəndiːnst ˈanruːfn̩]
مُحَرِّك السَّيارة لا يَعْمَل.	*Der Motor springt nicht an.*	[deːɐ̯ ˈmoːtoːɐ̯ ʃprɪŋt nɪçt an]
كَبْل مُساعدة تشْغيل	*das Starthilfekabel* **-**	[ˈʃtarthɪlfəkaːbl̩]
هَلْ تَسْتَطيعُ أَنْ تُعْطيني مُساعَدةَتشْغيل؟	*Könnten Sie mir Starthilfe geben?*	[kœntn̩ ziː miːɐ̯ ˈʃtarthɪlfə geːbn̩?]
عجلة بديلة	*der Ersatzreifen* **-**	[ɛɐ̯ˈzatsraifn̩]
هل تَسْتَطيع مُساعَدَتي في تَغْيير العَجلة؟	*Könnten Sie mir beim Reifenwechseln helfen?*	[kœntn̩ ziː miːɐ̯ baim ˈraifn̩vɛksl̩n hɛlfn̩]

الحافلة – *DER BUS*

حافلة سَفَر
der Reisebus
-busse [ˈraizəbʊs]

مَخْزَن الأَمْتِعَة
der Gepäckraum
-räume [gəˈpɛkraum]

مَوْقِف حافلة
die Bushaltestelle
-n [ˈbʊshaltəʃtɛlə]

مَأوى الحافلات
das Wartehäuschen
- [ˈvartəhɔysçən]

جَدْوَل المَواعيد
der Fahrplan
-pläne [ˈfaːɡplaːn]

زِر
der Halteknopf
-knöpfe [ˈhaltəknɔpf]

شَريطَة تَمَسُّك
die Halteschlaufe
-n [ˈhaltəʃlaufə]

حافلة ذات أَرْضِيَّة مُنْخَفِضَة	*der Niederflurbus* -busse	[ˈniːdɐfluːɡbʊs]
مَحَطَّة حافلات	*der Busbahnhof* -bahnhöfe	[ˈbʊsbaːnhoːf]
حافلة نَقْل	*der Linienbus* -busse	[ˈliːni̯ənbʊs]
حافلة صَغيرة	*der Kleinbus* -busse	[ˈklainbʊs]
تَذْكِرَة شَهْرِيَّة	*die Monatskarte* -n	[ˈmoːnatskartə]
أُجْرَة رُكوب الحافلة	*der Fahrpreis* -e	[ˈfaːɡprais]
تَذْكِرَة رُكوب الحافلة	*die Fahrkarte* -n	[ˈfaːɡkartə]
جهاز تَذاكِر آلي	*der Fahrkartenautomat* -en	[ˈfaːɡkartn̩ʔautomaːt]

حافلة مَدْرَسِيَّة
der Schulbus
-busse [ˈʃuːlbʊs]

الدَّراجَة الهَوائِيَّة - *DAS FAHRRAD*

سَرْج
der Sattel
Sättel [ˈzatl̩]

مِقْوَد
der Lenker
- [ˈlɛŋkɐ]

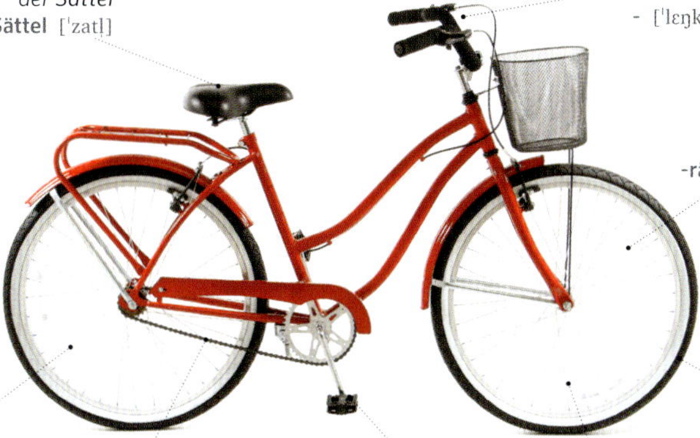

عَجَلَة أَمامِيَّة
das Vorderrad
-räder [ˈfɔrdɐraːt]

إطار عَجَلَة مَطّاطي
der Reifen
- [ˈraifn̩]

عَجَلَة خَلْفِيَّة
das Hinterrad
-räder [ˈhɪntɐraːt]

سِلْسِلَة
die Kette
-n [ˈkɛtə]

دَوّاسَة
das Pedal
-e [peˈdaːl]

شُعاع
die Speiche
-n [ˈʃpaiçə]

ذِراع تَغْيير التَعشيق	*der Schalthebel -*	[ˈʃaltheːbl̩]
ذِراع الفَرامِل	*der Bremshebel -*	[ˈbrɛmsheːbl̩]
مِضَخَّة هَواء	*die Luftpumpe -n*	[ˈlʊftpʊmpə]ˈ
خوذَة دَرّاجَة	*der Fahrradhelm -e*	[ˈfaːɐ̯raːthɛlm]
فَرْمَل	*bremsen*	[ˈbrɛmzn̩]
رَقَّع الإطار الدّاخِلي	*einen Fahrradschlauch flicken*	[ainən ˈfaːɐ̯raːtʃlaux flɪkn̩]

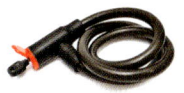

قِفْل دَرّاجَة
das Fahrradschloss
-schlösser [ˈfaːɐ̯raːtʃlɔs]

القِطار – *DER ZUG*

قطار
der Zug
Züge ['tsuːk]

رَصيف
der Bahnsteig
-e ['baːnʃtaik]

رَكِبَ
einsteigen
['ainʃtaign]

نَزَلَ
aussteigen
['ausʃtaign]

رَقُم الرَّصيف
die Gleisnummer
-n ['glaisnomɐ]

دَرَج مُتَحرِّك
die Rolltreppe
-n ['rɔltrɛpə]

قطار أنفاق
die U-Bahn
-en ['uːbaːn]

تَأخير	*die Verspätung* -en	[fɛɐ̯'ʃpɛːtʊŋ]
في الوَقْت المُحَدّد	*pünktlich*	['pʏŋktlɪç]
غَيَّرَ	*umsteigen*	['ʊmʃtaign]
ترام	*die Straßenbahn* -en	['ʃtraːsn̩baːn]
حَجَزَ مُقْعَد	*die Sitzplatzreservierung* -en	['zɪtsplatsrezɛrviːrʊŋ]
تَذكِرة ذَهاب إلى ...، من فَضْلِك	*Eine einfache Fahrt nach ..., bitte.*	[ainə 'ainfaxə faːɐ̯t naːx ... bɪtə]
ذَهاب وإياب	*hin und zurück*	['hɪn ʊnt tsuˈrʏk]
هل هَذا المَكان فارِغ؟	*Ist dieser Platz noch frei?*	[ɪst 'diːzɐ plats nɔx 'frai]

الأكل والشُّرب
ESSEN UND TRINKEN

مُنْتَجات حَيوانِيَّة – *TIERISCHE PRODUKTE*

لَحْم غَنَم
das Lammfleisch
kein Pl [ˈlamflaiʃ]

لَحْم بَقَر
das Rindfleisch
kein Pl [ˈrɪntflaiʃ]

لَحْم خِنْزير
das Schweinefleisch
kein Pl [ˈʃvainəflaiʃ]

دَجاجة
das Hähnchen -
[ˈhɛːnçən]

سَلمون مُرَقَّط
die Forelle -n
[foˈrɛlə]

تونة
der Tunfisch -e
[ˈtuːnfɪʃ]

سَلمون
der Lachs -e
[laks]

شَريحة سَمَك
das Fischsteak -s
[ˈfɪʃsteːk]

جَمْبَري
die Garnele -n
[garˈneːlə]

جَراد البَحْر
der Hummer -
[ˈhʊmɐ]

سَرَطان
der Krebs -e
[kreːps]

بَلَح البَحْر
die Miesmuschel -n
[ˈmiːsmʊʃl]

بَيْضَة دَجاجَة
das Hühnerei -er
[ˈhyːnəʔai]

صَفار بَيْض
das Eigelb -e; -
[ˈaigɛlp]

بَياض بَيْض
das Eiweiß -e; -
[ˈaivais]

زُبْدَة
die Butter
kein Pl [ˈbʊtɐ]

قِشْدَة
die Sahne
kein Pl [ˈzaːnə]

حَليب
die Milch
kein Pl [mɪlç]

جُبْنَة
der Käse -
[ˈkɛːzə]

لَبَن
der Quark
kein Pl [kvark]

لَبَن
der Joghurt -[s]
[ˈjoːgʊrt]

خُضار – *GEMÜSE*

بَصَل
die Zwiebel -n
['tsvi:bl̩]

فِجْل
das Radieschen -
[ra'di:sçən]

بَصَل أَخْضَر
die Frühlingszwiebel -n
['fry:lɪŋstsvi:bl̩]

كُرّاث
der Lauch -e
[laux]

بَطاطا حُلْوَة
die Süßkartoffel -n
['zy:skartɔfl̩]

جَزَر
die Karotte -n
[ka'rɔtə]

ثوم
der Knoblauch
kein Pl ['kno:blaux]

بَطاطا
die Kartoffel -n
[kar'tɔfl̩]

شَوَنْدَر
die Rote Bete
[ro:tə 'be:tə]

بَصَل أَحْمَر
die rote Zwiebel
[ro:tə 'tsvi:bl̩]

فِجْل أَبْيَض
die Pastinake -n
[pasti'na:kə]

كُرّاث أَنْدَلُسي
die Schalotte -n
[ʃa'lɔtə]

لِفْت
die Rübe -n
['ry:bə]

خَس أُفْرَنْجي
der Kopfsalat -e
[ˈkɔpfzalaːt]

خَس ايزْبيرغ
der Eisbergsalat -e
[ˈaisbɛrkzalaːt]

هِنْدباء
der/die Chicorée
kein Pl [ˈʃikore]

سَبانِخ
der Spinat
kein Pl [ʃpiˈnaːt]

كُرُنْب مَلْفوف
der Wirsing
kein Pl [ˈvɪrzɪŋ]

بروكولي
der Brokkoli -; -[s]
[ˈbrɔkoli]

مَلْفوف أحْمَر
der Rotkohl
kein Pl [ˈroːtkoːl]

مَلْفوف
der Weißkohl
kein Pl [ˈvaiskoːl]

كُرُنْب بروكْسِل
der Rosenkohl
kein Pl [ˈroːznkoːl]

زَهْرَة
der Blumenkohl
kein Pl [ˈbluːmənkoːl]

خُضار – *GEMÜSE*

فُلَيْفِلَة
der/die Paprika -; -[s]
[ˈpaprika]

كوسا
die Zucchini -
[tsʊˈkiːniː]

باذِنْجان
die Aubergine -n
[obɛrˈʒiːnə]

طَماطم
die Tomate -n
[toˈmaːtə]

بامِية
die Okraschote -n
[ˈokraʃoːtə]

فُلْفُل حار
die Chilischote -n
[ˈtʃiːliʃoːtə]

ذُرَة
der Mais
kein Pl [mais]

فاصولْياء خَضْراء
die grüne Bohne
[gryːnə ˈboːnə]

عَدس بُنّي
die Tellerlinse -n
[ˈtɛlɐlɪnzə]

قَشَّرَ	*schälen*	[ˈʃɛːlən]
قَطَّعَ	*schneiden*	[ˈʃnaidn̩]
نَيِّئ	*roh*	[roː]
مَطْبوخ	*gekocht*	[gəˈkɔxt]
مَطْهِيّ	*gegart*	[gəˈgaːɐt]
هَرْسة	*das Püree* -s	[pyˈreː]
مَهْروس	*püriert*	[pyˈriːɐt]
حَمَّرَ	*braten*	[ˈbraːtn̩]

فَراوْلَة
die Erdbeere -n
[ˈeːɐ̯tbeːrə]

تُوت أَسْوَد
die Brombeere -n
[ˈbrɔmbeːrə]

عِنَب أَخْراش
die Heidelbeere -n
[ˈhaidl̩beːrə]

تُوت أَحْمَر
die Himbeere -n
[ˈhɪmbeːrə]

عِنَب
die Weintraube -n
[ˈvaintraubə]

كَرَز
die Kirsche -n
[ˈkɪrʃə]

تُفّاح
der Apfel
Äpfel [ˈapfl̩]

مِشْمِش
die Aprikose -n
[apriˈkoːzə]

دُرّاق
der Pfirsich -e
[ˈpfɪrzɪç]

دُرّاق أَمْلَس
die Nektarine -n
[nɛktaˈriːnə]

خَوْخ
die Pflaume -n
[ˈpflaumə]

إجّاص
die Birne -n
[ˈbɪrnə]

OBST – فاكهة

كُرِيب فُرُوت
die Grapefruit -s
[ˈgreːpfruːt]

بُرْتُقال
die Orange -n
[oˈrãːʒə]

لَيمون
die Zitrone -n
[tsiˈtroːnə]

لَيمون أَخْضَر
die Limette -n
[liˈmɛtə]

مَوز
die Banane -n
[baˈnaːnə]

مُقَشَّر
geschält
[gəˈʃɛːlt]

كَرَمَنْتينَة
die Clementine -n
[klemɛnˈtiːnə]

بَطيخ أَحْمَر
die Wassermelone -n
[ˈvasɐmeloːnə]

حُر
der Schnitz -e
[ʃnɪts]

قِشْرَة
die Schale -n
[ˈʃaːlə]

شَمَّام
die Zuckermelone -n
[ˈtsʊkɐmeloːnə]

شَمَّام عَسَلي
die Honigmelone -n
[ˈhoːnɪçmeloːnə]

فُلْفُل
der Pfeffer -
[ˈpfɛfɐ]

مِلْح
das Salz -e
[zalts]

خَل
der Essig -e
[ˈɛsɪç]

زَيْت زَيْتون
das Olivenöl -e
[oˈliːvn̩ʔøːl]

طاحونَة فُلْفُل
die Pfeffermühle -n
[ˈpfɛfɐmyːlə]

كَتْشَب
der/das Ketchup -s
[ˈkɛtʃap]

خَرْدَل
der Senf -e
[zɛnf]

مايونيز
die Mayonnaise -n
[majoˈnɛːzə]

صَلْصَة صويا
die Sojasoße -n
[ˈzoːjazoːsə]

خُبْز – BROT

دَقيق أَبْيَض
das Weizenmehl -e
[ˈvaitsnmeːl]

كرواسان
das Croissant -s
[kroaˈsãː]

خُبْز بكيت
das/die Baguette -s
[baˈɡɛt]

خُبْز أَبْيَض
das Weißbrot -e
[ˈvaisbroːt]

خُبْز من حُبوب كاملة
das Vollkornbrot -e
[ˈfɔlkɔrnbroːt]

خُبْز عَرَبي
das Fladenbrot -e
[ˈflaːdnbroːt]

خُبْز تورتيلا
die Tortilla -s
[tɔrˈtɪlja]

خُبْز سَنْدويش صَغير
das Brötchen -
[ˈbrøːtçən]

خُبْز عِبْري
der Bagel -s
[ˈbeɪɡl]

سَنْدويش صَغير
das belegte Brötchen
[bəˈleːɡtə ˈbrøːtçən]

شَريحَة
die Scheibe -n
[ˈʃaibə]

سَنْدويش
das Sandwich -[e]s
[ˈzɛntvɪtʃ]

ماء
das Wasser
kein Pl [ˈvasɐ]

عَصير بُرْتُقال
der Orangensaft
-säfte [oˈrãːʒnzaft]

كولا
die Cola -s
[ˈkoːla]

بيرَة
das Bier -e
[biːɐ]

نَبيذ أَحْمَر
der Rotwein -e
[ˈroːtvain]

نَبيذ أَبْيَض
der Weißwein -e
[ˈvaisvain]

شاي أَعْشاب
der Kräutertee -s
[ˈkrɔytɐteː]

قَهْوَة
der Kaffee -s
[ˈkafe]

قَهْوَة عالماشي
der Kaffee
zum Mitnehmen
[ˈkafe tsʊm ˈmɪtneːmən]

كوب
der Becher -
[ˈbɛçɐ]

غطاء
der Deckel -
[ˈdɛkl]

ظَرْف شاي
der Teebeutel -
[ˈteːbɔytl]

أَوْراق شاي
die Teeblätter
Pl [ˈteːblɛtɐ]

المَأكولات السَّريعَة – *DAS FASTFOOD*

شيبْس
die Chips
Pl [tʃips]

إصْبَع شوكولاتَة
der Schokoriegel -
[ˈʃokori:gl̩]

هَمبُرْغر
der Hamburger -
[ˈhambʊrgɐ]

بَطاطا مَقْلِيَّة
die Pommes frites
Pl [pɔm ˈfrɪt]

بيتْزا
die Pizza -s;
Pizzen [ˈpɪtsa]

تاكو
der Taco -s
[ˈtako]

مَعْكرُونَة مَقْلِيَّة
die gebratenen Nudeln
[gəˈbraːtənən ˈnuːdl̩n]

سُوشي
das Sushi -s
[ˈsuːʃi]

قِطَع دَجاج مَقْلِيَّة
das Nugget -s
[ˈnagɪt]

أريد أن أطْلُب طَعاماً للأكْل في المَنْزل، من فَضْلِك	*Ich würde gerne etwas zum Mitnehmen bestellen.*	[ɪç vʏrdə ˈɡɛrnə ɛtvas tsʊm ˈmɪtneːmən bəʃtɛlən]
صَغير/مُتَوَسِّط/كَبير	*klein/mittelgroß/groß*	[klain/ˈmɪtlɡroːs/groːs]
حُلْو	*süß*	[zyːs]
مالِح	*salzig*	[ˈzaltsɪç]
خِدْمَة تَوْصيل	*der Lieferservice -s*	[ˈliːfɐzøːɐvɪs]
طَلَبَ	*bestellen*	[bəˈʃtɛlən]
وَصَّل	*liefern*	[ˈliːfɐn]

حساء
die Suppe -n
[ˈzʊpə]

طَعام مطْهو بالمرَق
der Eintopf
-töpfe [ˈaintɔpf]

سلَطة
der Salat -e
[zaˈlaːt]

أعْواد الطَّعام
das Stäbchen -
[ˈʃtɛːpçən]

مِنْديل مائدة
die Serviette -n
[zɛrˈvjɛtə]

شوْكة
die Gabel -n
[ˈgaːbl̩]

غطاء مائدة
die Tischdecke -n
[ˈtɪʃdɛkə]

صَحْن
der Essteller -
[ˈɛstɛlɐ]

كأْس ماء
das Wasserglas
-gläser [ˈvasɐglaːs]

كأْس نبيذ
das Weinglas
-gläser [ˈvainglaːs]

مِلْعَقَة حلْوى
der Dessertlöffel -
[dɛˈseːɐlœfl̩]

مِلْعَقَة حساء
der Suppenlöffel -
[ˈzʊpn̩lœfl̩]

سِكّين
das Messer -
[ˈmɛsɐ]

التَّغْذِية – *DIE ERNÄHRUNG*

دُهْن
das Fett -e
[fɛt]

سُكَّر
der Zucker
kein Pl [ˈtsʊkɐ]

نَباتي
vegetarisch
[vegeˈtaːrɪʃ]

نَباتي صِرْف
vegan
[veˈɡaːn]

خالي من البَيْض
ohne Eier
[oːnə ˈaiɐ]

خالي من السُّكَّر
zuckerfrei
[ˈtsʊkɐfrai]

خالي من الغلوتين
glutenfrei
[gluˈteːnfrai]

خالي من اللّاكْتوز
laktosefrei
[lakˈtoːzəfrai]

حِمْيَة
die Diät -en
[diˈɛːt]

حَساسيّة من الأطْعِمة	*die Lebensmittelintoleranz* -en	[ˈleːbnsmɪtlɪntolerants]
سُكَّر الفاكِهة	*die Fruktose* kein Pl	[frʊkˈtoːzə]
سُكَّر العِنَب	*die Glukose* kein Pl	[gluˈkoːzə]
صوديوم	*das Natrium* kein Pl	[ˈnaːtriʊm]
سُعْرات حَرارِيّة	*die Kalorien* Pl	[kaloˈriːən]
مُقَوِّيات النَّكْهة	*der Geschmacksverstärker* -	[gəˈʃmaksfɛɐ̯ʃtɛrkɐ]
تَغْذِية صِحِّيّة	*die gesunde Ernährung*	[gəˈzʊndə ɛɐ̯ˈnɛːrʊŋ]
صام	*fasten*	[ˈfastn̩]

السوبِر ماركِيت – **DER SUPERMARKT**

أمين صُندوق
der Kassierer -
[ka'si:rɐ]

زَبونة
die Kundin -nen
['kʊndɪn]

بِضاعة
die Ware -n
['va:rə]

شَريط تَسيير البَضائع
das Warentransportband
-bänder
[va:rəntrans'pɔrtbant]

رَف بَضائع
das Warenregal -e
['va:rənrega:l]

عَربة تَسَوُّق
der Einkaufswagen -
['ainkaufsva:gn̩]

صُندوق مُحاسَبة
die Kasse -n
['kasə]

جِهاز مَسح
der Scanner -
['skɛnɐ]

سَلّة
der Einkaufskorb
-körbe ['ainkaufskɔrp]

صُندوق مُحاسَبة ذاتي
die Selbstbedienungskasse
-n ['zɛlpstbədi:nʊŋskasə]

شيفرَة خَطِّية
der Strichcode -s
['ʃtrɪçko:t]

عَرْض خاص
das Sonderangebot -e
['zɔndɐʔangəbo:t]

DER SUPERMARKT – السوبَر ماركيت

خُضارٌ وَفواكه
das Obst und Gemüse
[ˈoːpst ʊnt gəˈmyːzə]

رَف بَرّاد
das Kühlregal -e
[ˈkyːlreɡaːl]

مُنتَجات ألبان
die Milchprodukte
Pl [ˈmɪlçprodʊktə]

أغذِيَة
die Tiefkühlkost
kein Pl [ˈtiːfkyːlkɔst]

مُنتَجات مُخبَز
die Backwaren
Pl [ˈbakvaːrən]

لُحوم وَدواجِن
das Fleisch und Geflügel
[ˈflaɪʃ ʊnt gəˈflyːɡl̩]

مُعَلّبات
die Konserven
Pl [kɔnˈzɛrvn̩]

مأكولات فاخِرَة
die Feinkost
kein Pl [ˈfaɪnkɔst]

طاوِلَة بَيع سَمَك
die Fischtheke -n
[ˈfɪʃteːkə]

رَقائِق إفطار
die Frühstücksflocken
Pl [ˈfryːʃtʏksflɔkn̩]

مُستَلزَمات رُضّع
die Babyartikel
Pl [ˈbeːbiʔartɪkl̩]

فاتورة
der Kassenzettel -
[ˈkasn̩tsetl̩]

الصّحّة والعناية بالجسد

GESUNDHEIT UND KÖRPERPFLEGE

الجِسْم – *DER KÖRPER*

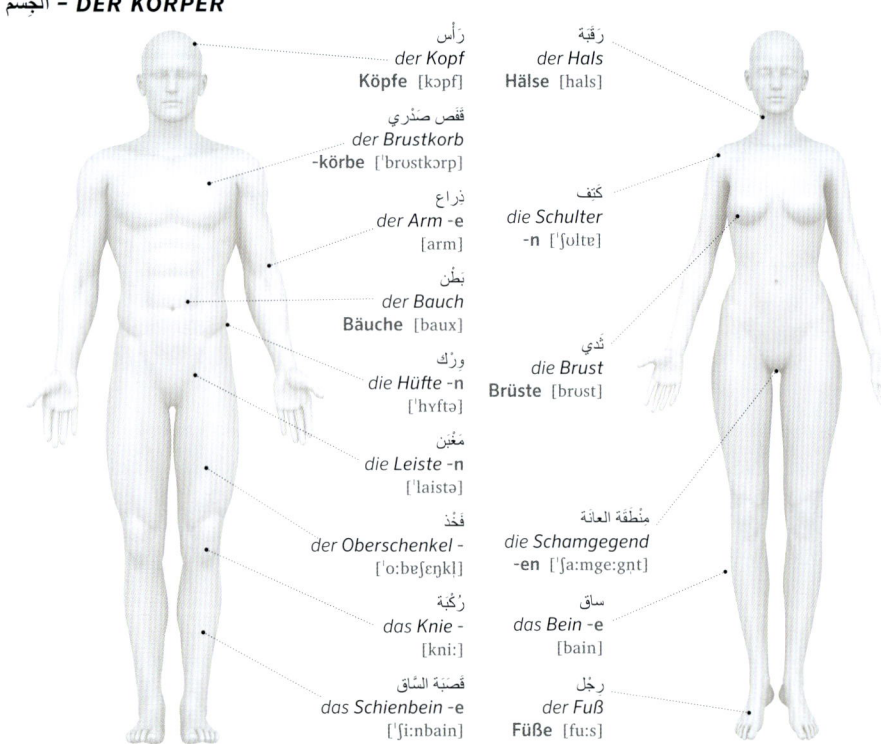

رَأْس
der Kopf
Köpfe [kɔpf]

قَفَص صَدْري
der Brustkorb
-**körbe** [ˈbrʊstkɔrp]

ذِراع
der Arm -e
[arm]

بَطْن
der Bauch
Bäuche [baux]

وَرْك
die Hüfte -n
[ˈhʏftə]

مَغْبِن
die Leiste -n
[ˈlaistə]

فَخْذ
der Oberschenkel -
[ˈoːbɐʃɛŋkl]

رُكْبة
das Knie -
[kniː]

قَصَبة السّاق
das Schienbein -e
[ˈʃiːnbain]

رَقَبة
der Hals
Hälse [hals]

كَتِف
die Schulter
-**n** [ˈʃʊltɐ]

ثَدْي
die Brust
Brüste [brʊst]

مِنْطَقة العانة
die Schamgegend
-**en** [ˈʃaːmgeːgn̩t]

ساق
das Bein -e
[bain]

رِجْل
der Fuß
Füße [fuːs]

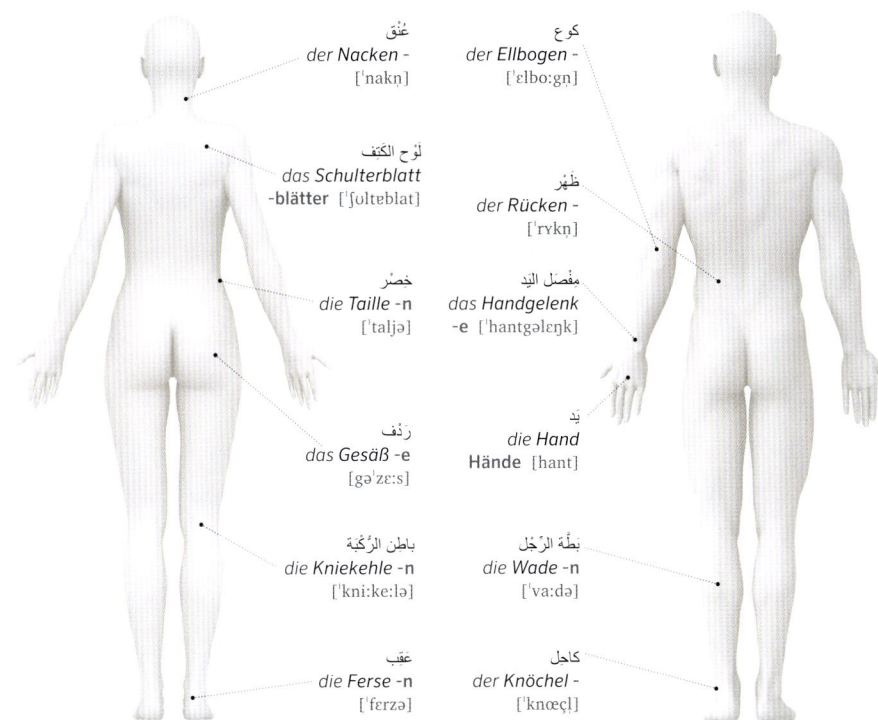

عُنُق
der Nacken -
[ˈnakn̩]

لَوْح الكَتَف
das Schulterblatt
-blätter [ˈʃʊltɐblat]

خِصْر
die Taille -n
[ˈtaljə]

رِدْف
das Gesäß -e
[gəˈzɛːs]

باطِن الرُّكْبَة
die Kniekehle -n
[ˈkniːkeːlə]

عَقِب
die Ferse -n
[ˈfɛrzə]

كوع
der Ellbogen -
[ˈɛlboːgn̩]

ظَهْر
der Rücken -
[ˈrʏkn̩]

مِفْصَل اليد
das Handgelenk
-e [ˈhantgələŋk]

يَد
die Hand
Hände [hant]

بَطَّة الرِّجْل
die Wade -n
[ˈvaːdə]

كاحِل
der Knöchel -
[ˈknœçl̩]

اليَد والقَدَم – *DIE HAND UND DER FUSS*

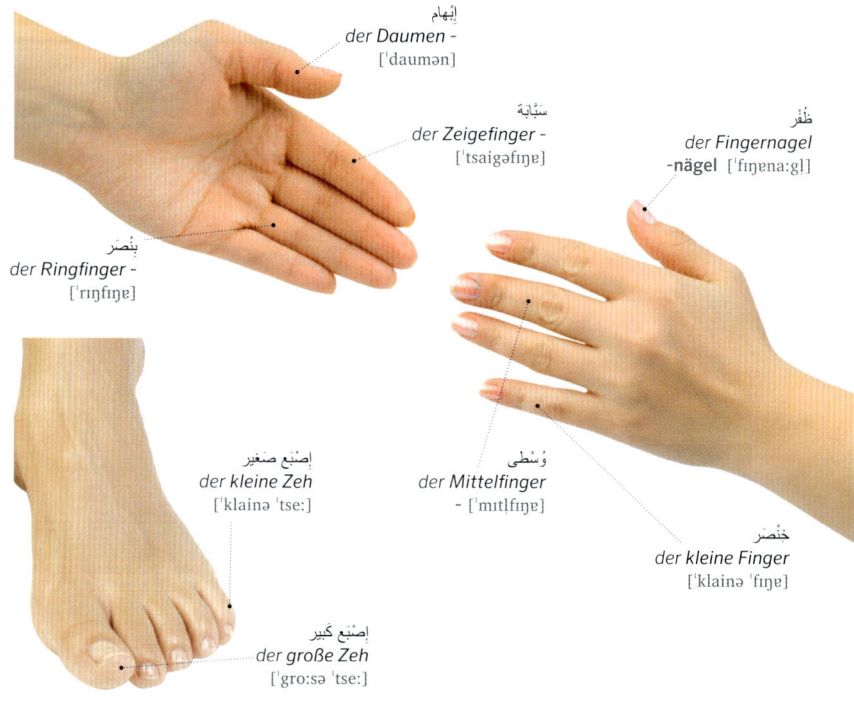

إبْهام
der Daumen -
['daumən]

سَبّابة
der Zeigefinger -
['tsaigəfɪŋɐ]

ظُفُر
der Fingernagel
-nägel ['fɪŋɐna:gl]

بِنْصُر
der Ringfinger -
['rɪŋfɪŋɐ]

إصْبَع صَغير
der kleine Zeh
['klainə 'tse:]

وُسْطى
der Mittelfinger
- ['mɪtlfɪŋɐ]

خِنْصُر
der kleine Finger
['klainə 'fɪŋɐ]

إصْبَع كَبير
der große Zeh
['gro:sə 'tse:]

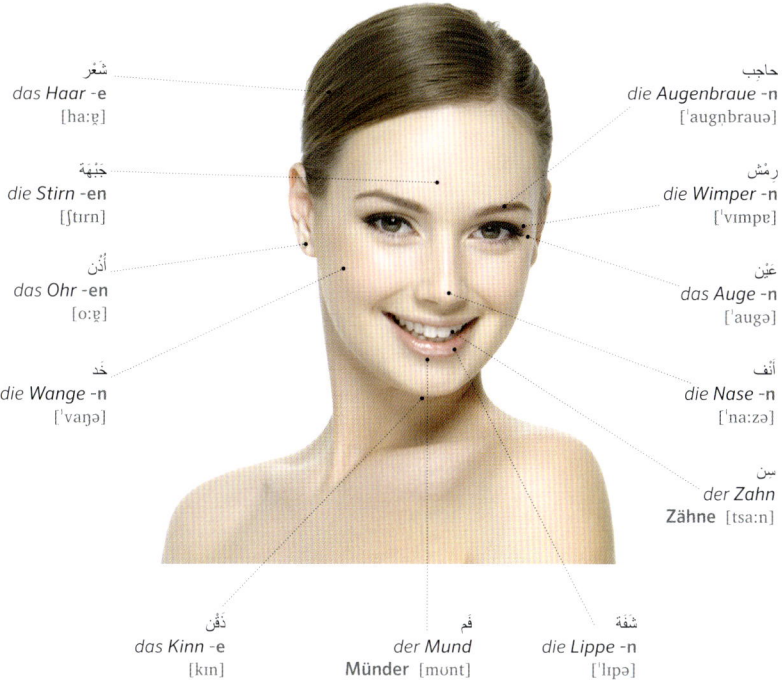

شَعَر
das Haar -e
[haːɐ̯]

جَبْهة
die Stirn -en
[ʃtɪrn]

أُذُن
das Ohr -en
[oːɐ̯]

خَد
die Wange -n
[ˈvaŋə]

حاجِب
die Augenbraue -n
[ˈaʊɡn̩braʊə]

رِمْش
die Wimper -n
[ˈvɪmpɐ]

عَيْن
das Auge -n
[ˈaʊɡə]

أَنْف
die Nase -n
[ˈnaːzə]

سِن
der Zahn
Zähne [tsaːn]

شَفَة
die Lippe -n
[ˈlɪpə]

فَم
der Mund
Münder [mʊnt]

ذَقُن
das Kinn -e
[kɪn]

الأعْضاء الدّاخِلِيَّة – *DIE INNEREN ORGANE*

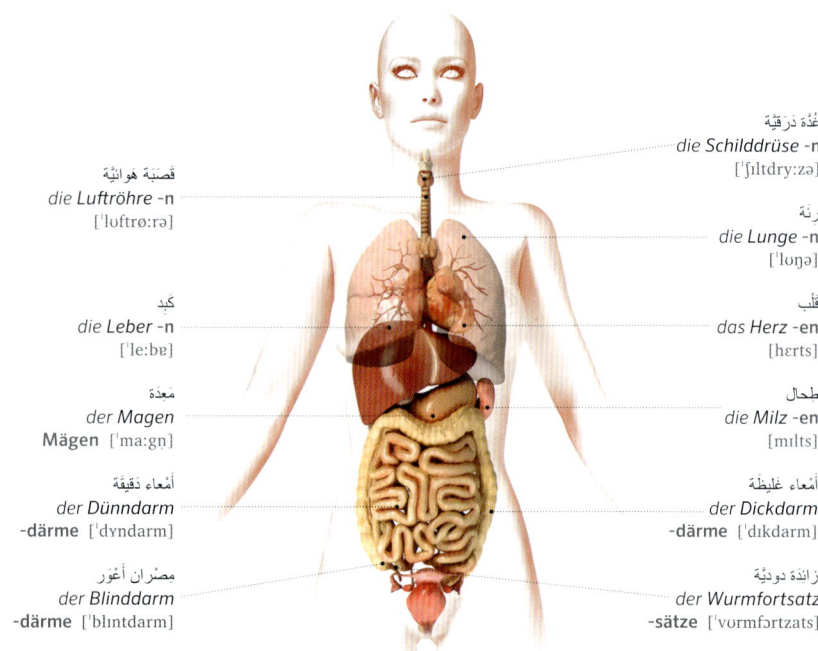

غُدَّة دَرَقِيَّة
die Schilddrüse -n
[ˈʃɪltdryːzə]

قَصَبَة هَوائِيَّة
die Luftröhre -n
[ˈlʊftrøːrə]

رِئَة
die Lunge -n
[ˈlʊŋə]

كَبِد
die Leber -n
[ˈleːbɐ]

قَلْب
das Herz -en
[hɛrts]

مَعِدة
der Magen
Mägen [ˈmaːgn̩]

طِحال
die Milz -en
[mɪlts]

أمْعاء دَقيقَة
der Dünndarm
-därme [ˈdʏndarm]

أمْعاء غَليظَة
der Dickdarm
-därme [ˈdɪkdarm]

مِصْران أعْوَر
der Blinddarm
-därme [ˈblɪntdarm]

زائدة دوديَّة
der Wurmfortsatz
-sätze [ˈvʊrmfɔrtzats]

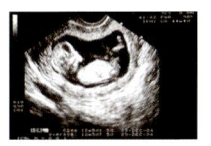

صورة بالموجات فَوْق الصَّوْتِيّة
die Ultraschall-aufnahme -n
[ˈʊltraʃalʔaufna:mə]

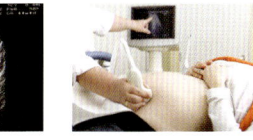

تَصْوير بالموجات فَوْق الصَّوْتِيّة
die Ultraschalluntersuchung -en [ˈʊltraʃalʔʊntɐzu:xʊŋ]

قابِلة
die Hebamme -n
[ˈheːpʔamə]

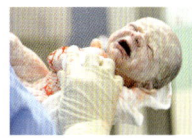

وِلادة
die Geburt -en
[gəˈbuːɐ̯t]

فَحْص حَمْل
der Schwangerschaftstest -s [ˈʃvaŋɐʃaftstɛst]

أَرْضَعَت
stillen
[ˈʃtɪlən]

زُجاجة رَضاعة
das Fläschchen -
[ˈflɛʃçən]

حليب بودْرة
das Milchpulver -
[ˈmɪlçpʊlvɐ]

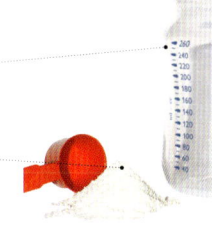

حامِل	*schwanger*	[ˈʃvaŋɐ]
طَلْق	*die Wehen Pl*	[ˈveːən]
حرَض المخاض بطلْق صناعي	*die Geburt einleiten*	[di: gəˈbuːɐ̯t ainlaitn̩]
ضَغَطَ	*pressen*	[ˈprɛsn̩]
حَبْل السُّرَّة	*die Nabelschnur -schnüre*	[ˈnaːblʃnuːɐ̯]
مَشيمة	*die Plazenta -s; Plazenten*	[plaˈtsɛnta]
سائل سَلَوي	*das Fruchtwasser kein Pl*	[ˈfrʊxtvasɐ]
كيس سَلَوي	*die Fruchtblase -n*	[ˈfrʊxtblaːzə]

زِيارَة الطَّبيب – *DER ARZTBESUCH*

وَصْفَة
das Rezept -e
[reˈtsɛpt]

غُرْفَة انْتِظار
das Wartezimmer -
[ˈvartətsɪmɐ]

سَمّاعة
das Stethoskop -e
[ʃtetoˈskoːp]

قاس ضَغْط الدَّم
den Blutdruck messen
[deːn ˈbluːtdrʊk mɛsn]

طَبيبة
die Ärztin -nen
[ˈɛːɐ̯tstɪn]

مَريضة
die Patientin -nen
[paˈtsi̯ɛntɪn]

مَواعيد العِيادة	*die Sprechstunde* -n	[ˈʃprɛçʃtʊndə]
أَخَذ مِنْهُ/ مِنْها دَماً	*jemandem Blut abnehmen*	[jeˈmandəm ˈbluːt apneːmən]
مَوْعِد	*der Termin* -e	[tɛrˈmiːn]
مُعالَجة	*die Behandlung* -en	[bəˈhandlʊŋ]
تَشْخيص	*die Diagnose* -n	[diaˈgnoːzə]
تَحْويل	*die Überweisung* -en	[yːbɐˈvaizʊŋ]
نَتائِج	*die Ergebnisse* Pl	[ɛɐˈgeːpnɪsə]
تَأْمين صِحّي	*die Krankenkasse* -n	[ˈkraŋknkasə]

GESUNDHEIT UND KÖRPERPFLEGE

SYMPTOME UND KRANKHEITEN – الأَعْراض والأَمْراض

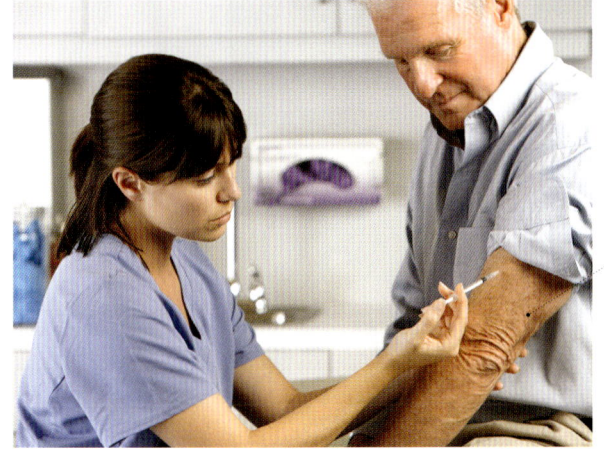

أَعْطى إبْرَة
jemandem eine Spritze geben
[jeˈmandəm ainə ˈʃprɪtsə geːbn̩]

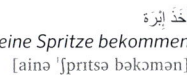

أخَذَ إبْرَة
eine Spritze bekommen
[ainə ˈʃprɪtsə bəkɔmən]

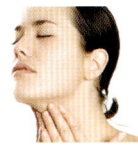

ألم الحَلْق
die Halsschmerzen
Pl [ˈhalsʃmɛrtsn̩]

فيروس	das Virus Viren	[ˈviːrʊs]
عَدْوى	der Infekt -e	[ɪnˈfɛkt]
حَساسِيَّة	die Allergie -n	[alɛrˈgiː]
طَفْح جِلْدي	der Hautausschlag -ausschläge	[ˈhautʔausʃlaːk]
إسْهال	der Durchfall -fälle	[ˈdʊrçfal]
دُوار	der Schwindel kein Pl	[ˈʃvɪndl̩]
غَثَيان	die Übelkeit -en	[ˈyːblkait]
الْتِهاب قَصَبات	die Bronchitis Bronchitiden	[brɔnˈçiːtɪs]

صُداع
die Kopfschmerzen
Pl [ˈkɔpfʃmɛrtsn̩]

ألم في المَعِدة
die Magenschmerzen
Pl [ˈmaːgnʃmɛrtsn̩]

الأَعْراض وَ الأَمْراض – *SYMPTOME UND KRANKHEITEN*

مَريض
krank
[kraŋk]

مُعافى
gesund
[gəˈzʊnt]

رَشْح
der Schnupfen -
[ˈʃnʊpfn̩]

سُعال
der Husten
kein Pl [ˈhuːstn̩]

زُكام
die Erkältung -en
[ɛɐ̯ˈkɛltʊŋ]

إنْفْلوَنْزا
die Grippe -n
[ˈɡrɪpə]

عُطاس
das Niesen
kein Pl [ˈniːzn̩]

حُمّى
das Fieber -
[ˈfiːbɐ]

حَساسيّة الأَنْف
der Heuschnupfen -
[ˈhɔyʃnʊpfn̩]

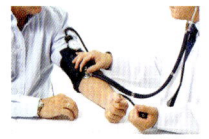
ضَغْط دَم مُرْتَفِع/مُنْخَفِض
der hohe/niedrige Blutdruck
[ˈhoːə/ˈniːdrɪɡə ˈbluːtdrʊk]

رَبو
das Asthma
kein Pl [ˈastma]

داء السُّكَّري
der Diabetes
kein Pl [diaˈbeːtɛs]

الإعاقات - BEHINDERUNGEN

كُرْسي مُتَحَرِّك
der Rollstuhl
-stühle [ˈrɔlʃtuːl]

مِقْبَض دَفْع
der Schiebegriff
-e [ˈʃiːbəgrɪf]

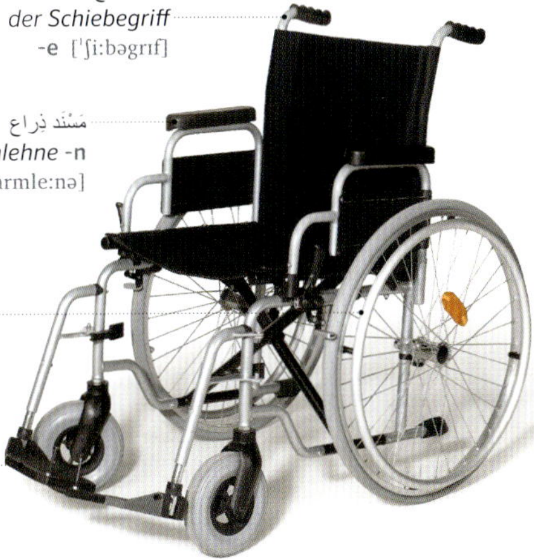

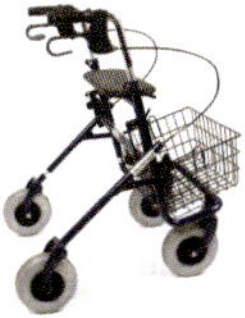

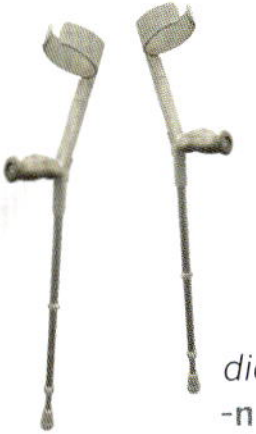

مَسْنَد ذِراع
die Armlehne **-n**
[ˈarmleːnə]

عَجَلات تَحْريك الكُرسي
der Greifreifen **-**
[ˈgraifraifn̩]

مَسْنَد قَدَم
die Fußstütze **-n**
[ˈfuːsʃtʏtsə]

مُساعِد لِلمَشي
der Rollator **-en**
[rɔˈlaːtoːɐ̯]

عُكّاز
die Krücke
-n [ˈkrʏkə]

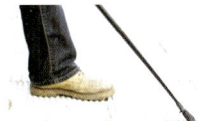

عَصا المَكْفوفين
der Blindenstock
-stöcke [ˈblɪndn̩ʃtɔk]

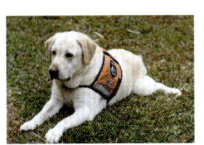

كَلْب مُرافَقَة المَكْفوفين
der Blindenhund **-e**
[ˈblɪndn̩hʊnt]

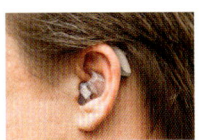

سَمّاعَة أُذُن
das Hörgerät **-e**
[ˈhøːɐ̯gərɛːt]

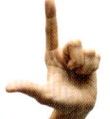

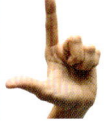

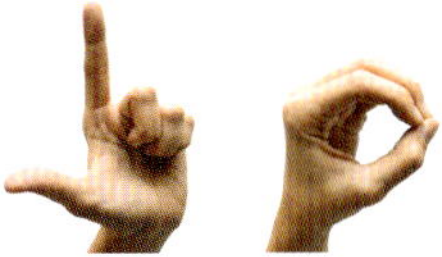

لُغَة الإشارَة
die Gebärdensprache
-n [gəˈbɛːɐ̯dn̩ʃpraːxə]

VERLETZUNGEN – الإصابات

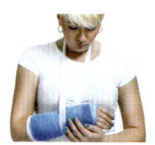

كَسْر
der Knochenbruch
-brüche [ˈknɔxn̩brʊx]

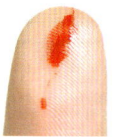

جُرْح
die Schnittwunde -n
[ˈʃnɪtvʊndə]

لَدْغَة حَشَرَة
der Insektenstich -e
[ɪnˈzɛktn̩ʃtɪç]

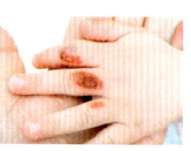

إحْتِراق
die Verbrennung -en
[fɛɐ̯ˈbrɛnʊŋ]

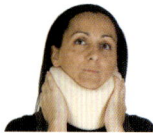

إلْتِواء الرَّقَبَة
das Schleudertrauma
-traumen [ˈʃlɔydɐtrauma]

إنْزِلاق غُضْروفي
der Bandscheibenvorfall
-vorfälle [ˈbantʃaibn̩fɔɐ̯fal]

فُقاعَة جِلْدِيّة
die Blase -n
[ˈblaːzə]

أُغْمِيَ عَلَيْه
in Ohnmacht fallen
[ɪn ˈoːnmaxt falən]

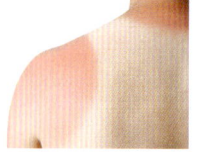

لَفْحَة شَمْس
der Sonnenbrand
-brände [ˈzɔnənbrant]

جُرْح	die Wunde -n	[ˈvʊndə]
دَم	das Blut kein Pl	[bluːt]
نَزَفَ	bluten	[ˈbluːtn̩]
نَزيف	die Blutung -en	[ˈbluːtʊŋ]
إرْتِجاج دِماغ	die Gehirnerschütterung -en	[gəˈhɪrnʔɛɐ̯ʃYtərʊŋ]
مَلَخَ ذِراعَك/ عَمودَك الفِقْري	sich den Arm/einen Wirbel ausrenken	[zɪç deːn ˈarm/ainən ˈvɪrbl̩ ausrɛŋkn̩]
لَوى/كَسَر رِجْلَه	sich den Fuß verstauchen/ brechen	[zɪç deːn ˈfuːs fɛɐ̯ʃtauxn̩/ brɛçn̩]

عدّة التَّضْميد
das Verbandszeug
kein Pl [fɛɡˈbantstsɔyk]

ضِمادة
der Verband
Verbände [fɛɡˈbant]

لاصِق طبّي
das Leukoplast®
kein Pl [lɔykoˈplast]

بلاسْتَر
das Pflaster -
[ˈpflastɐ]

مِقَص تَضْميد
die Verbandschere -n
[fɛɡˈbantʃeːrə]

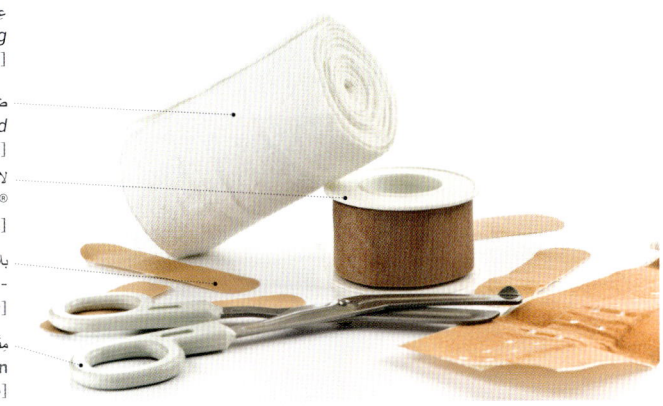

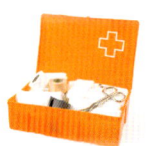

صُنْدوق اسعافات أوَّليّة
der Erste-Hilfe-Kasten
-Kästen [eːɡstəˈhilfəkastn̩]

مُطهّر
das Desinfektionsmittel
- [dɛsʔɪnfɛkˈtsi̯oːnsmɪtl̩]

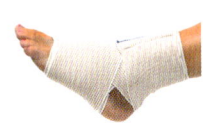

ضِمادة
die Bandage -n
[banˈdaːʒə]

شاش طبّي
die Mullbinde -n
[ˈmʊlbɪndə]

الصَّيْدَليَّة – *DIE APOTHEKE*

دَواء
das Medikament -e
[medika'mɛnt]

كَبْسولَة
die Kapsel -n
['kapsḷ]

شَراب سُعال
der Hustensaft
-**säfte** ['huːstn̩saft]

تَغْليف شَفّاف
die Sichtverpackung
-**en** ['zɪçtfɛɐ̯pakʊŋ]

حَبّة
die Tablette -n
[ta'blɛtə]

جُرعَة
die Dosierung -en
[do'ziːrʊŋ]

كَأس قِياس
der Messbecher -
['mɛsbɛçɐ]

مَرْهَم
die Salbe -n
['zalbə]

إبْرَة
die Spritze -n
['ʃprɪtsə]

قَطْرَة
die Tropfen
Pl ['trɔpfn̩]

قُرْص فَوّار
die Brausetablette -n
['braʊzətablɛtə]

واقي من الشَّمْس
das Sonnenschutz-mittel -
[ˈzɔnənʃʊtsmɪtl̩]

مِنْديل مُبَلَّل
das Feuchttuch -tücher [ˈfɔyçttuːx]

مِقْياس حَرارَة
das/der Fieber-thermometer -
[ˈfiːbɐtɐrmomeːtɐ]

سَكاكِر خاصَّة بالسُّعال
das/der Hustenbonbon -s [ˈhuːstn̩bɔŋˈbɔŋ]

فوطة نسائِيَّة
die Slipeinlage -n
[ˈslɪpʔainlaːɡə]

تامبون
der Tampon -s
[ˈtampɔn]

سَدّادات أُذُن
der Ohrstöpsel -
[ˈoːɐ̯ʃtœpsl̩]

مُزيل رائِحَة العَرَق
das Deodorant -s; -e
[deodoˈrant]

عَرَض	das Symptom -e	[zʏmpˈtoːm]
أغْراض جانِبِيَّة	die Nebenwirkung -en	[ˈneːbn̩vɪrkʊŋ]
نَشْرَة	der Beipackzettel -	[ˈbaipaktsɛtl̩]
عِناية بالبَشَرَة	die Hautpflege kein Pl	[ˈhautpfleːɡə]
مُسَكِّن أَلَم	das Schmerzmittel -	[ˈʃmɛrtsmɪtl̩]
مُهَدِّئ	das Beruhigungsmittel -	[bəˈruːɪɡʊŋsmɪtl̩]
حَبّة مُنَوِّمة	die Schlaftablette -n	[ˈʃlaːftablɛtə]
تاريخ انْتِهاء صَلاحِيَّة	das Verfallsdatum -daten	[fɛɐ̯ˈfalsdaːtʊm]

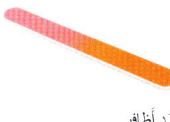

مِبْرَد أظافِر
die Nagelfeile -n
[ˈnaːɡl̩failə]

العناية بالجسّم – *DIE KÖRPERPFLEGE*

العناية بالجسّم – *DIE KÖRPERPFLEGE*

مَعْجون أَسْنان
die Zahnpasta
-pasten [ˈtsaːnpasta]

عِطْر
das Parfüm -e; -s
[parˈfyːm]

كريم وَجْه
die Gesichtscreme -s
[gəˈzɪçtskreːm]

مِشْط
der Kamm
Kämme [kam]

شامْبو الجسم
das Duschgel -e
[ˈduːʃgeːl]

شامْبو
das Shampoo -s
[ˈʃampu]

بَلْسَم
die Spülung -en
[ˈʃpyːlʊŋ]

صابون
die Seife -n
[ˈzaifə]

فُرْشاة شَعْر
die Haarbürste -n
[ˈhaːɐbʏrstə]

حَقيبة أَدَوات
der Kulturbeutel -
[kʊlˈtuːɐbɔytl̩]

مِلْقَط
die Pinzette -n
[pɪnˈtsɛtə]

مِقَص أَظافِر
die Nagelschere -n
[ˈnaːglʃeːrə]

العمل والاتصالات

ARBEIT UND KOMMUNIKATION

مَجال العَمَل – *DIE ARBEITSWELT*

مُقابَلة تَرَشُّح للعَمَل
das Bewerbungsgespräch
-e [bəˈvɛrbʊŋsɡəʃprɛːç]

مُرَشَّحة للعَمَل
die Bewerberin -nen
[bəˈvɛrbərɪn]

مَندوبة شُؤون العامِلِين
die Personalreferentin -nen
[pɛrzoˈnaːlreferɛntɪn]

سيرة ذاتيّة
der Lebenslauf
-läufe [ˈleːbnslauf]

مُسْتَنَدات تَرَشُّح للعَمَل
die Bewerbungsunterlagen
Pl [bəˈvɛrbʊŋsʔʊntɐlaːɡn̩]

إعْلان عَن وَظيفة
die Stellenanzeige -n
[ˈʃtɛlənʔantsaiɡə]

رَشَّحَ نَفْسَه لعَمَل	*sich um eine Stelle bewerben*	[zɪç ʊm ainə ˈʃtɛlə bəˈvɛrbn̩]
شُروط العَمَل	*die Arbeitsbedingungen* Pl	[ˈarbaitsbədɪŋʊŋən]
عَمَل بالتّناوُب	*die Schichtarbeit* kein Pl	[ˈʃɪçtʔarbait]
نصْف دَوام	*die Teilzeit* kein Pl	[ˈtailtsait]
دَوام كامِل	*die Vollzeit* kein Pl	[ˈfɔltsait]
مُؤَهِّلات	*die Qualifikation* -en	[kvalifikaˈtsjoːn]
خِبْرة عَمَل	*die Berufserfahrung* -en	[bəˈruːfsʔɛɐfaːrʊŋ]

قلم حِبر جاف
der Kugelschreiber -
[ˈkuːɡlʃraibɐ]

مِقَص
die Schere -n
[ˈʃeːrə]

قلم تَعْليم
der Textmarker -
[ˈtɛkstmaːrkɐ]

حامِل أقْلام
der Stiftehalter -
[ˈʃtɪftəhaltɐ]

دَفتَر مُلاحَظات
das Notizbuch
-bücher
[noˈtiːtsbuːx]

وَرَق مُلاحَظات لاصِق
die Haftnotiz -en
[ˈhaftnotiːts]

قلم رَصاص
der Bleistift -e
[ˈblaiʃtɪft]

بَرّاية
der Bleistiftspitzer -
[ˈblaiʃtɪftʃpɪtsɐ]

دَبابيس تَعْليق
die Reißzwecke -n
[ˈraistsvɛkə]

مِمْحاة
der Radiergummi -s
[raˈdiːɐɡʊmi]

مِشْبَك وَرَق
die Büroklammer -n
[byˈroːklamɐ]

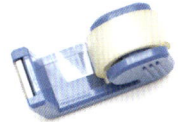

شَريط لاصِق
der Tesafilm® -e
[ˈteːzafɪlm]

خَرّازَة
der Tacker -
[ˈtakɐ]

ثَقّابة
der Locher -
[ˈlɔxɐ]

مُصَنِّف
der Ordner -
[ˈɔrdnɐ]

مَجال العَمَل – *DIE ARBEITSWELT*

جلْسَة
die Sitzung -en
[ˈzɪtsʊŋ]

قائد فَريق
der Teamleiter -
[ˈtiːmlaitɐ]

مُشْتَرك
der Teilnehmer -
[ˈtailneːmɐ]

جَدْوَل أعْمال
die Tagesordnung -en
[ˈtaːgəsʔɔrdnʊŋ]

تَسْجيل وَقائع
protokollieren
[protokɔˈliːrən]

طاوِلة اِجْتِماعات
der Besprechungstisch
-e [bəˈʃprɛçʊŋstɪʃ]

عَرْض
die Präsentation -en
[prɛzɛntaˈtsi̯oːn]

جِهاز إسْقاط فيدْيو
der Beamer -
[ˈbiːmɐ]

رُقاقة
die Folie -n
[ˈfoːli̯ə]

مُخَطَّط دائِري
das Tortendiagramm
-e [ˈtɔrtn̩diagram]

صاحِب العَمَل
der Arbeitgeber -
[ˈarbaitgeːbɐ]

مُساعِدة
① *die Assistentin*
-nen [asɪsˈtɛntɪn]

زَميل
② *der Kollege* **-n**
[kɔˈleːgə]

رَئيس
⑥ *der Chef* **-s**
[ʃɛf]

عامِل
③ *der Arbeitnehmer* -
[ˈarbaitneːmɐ]

زَميلَة
④ *die Kollegin*
-nen [kɔˈleːgɪn]

مُديرَة
⑤ *die Managerin*
-nen [ˈmɛnɪdʒərɪn]

تَمْثيل	*die Vertretung* **-en**	[fɛɐˈtreːtʊŋ]
إجازَة سَنَوِيّة	*der Jahresurlaub* **-e**	[ˈjaːʁəsʔuːɐlaup]
مُرَتَّب	*das Gehalt Gehälter*	[gəˈhalt]
تَرْقِيّة	*die Beförderung* **-en**	[bəˈfœɐdərʊŋ]
أقال شَخْصاً	*jemandem kündigen*	[jeːmandəm ˈkʏndɪgn]
إسْتِقال مِن عمله	*seine Stelle kündigen*	[zainə ˈʃtɛlə ˈkʏndɪgn]
كَسِب	*verdienen*	[fɛɐˈdiːnən]
تَقاعَد	*in Rente gehen*	[ɪn ˈʁɛntə geːən]

أُقيل
entlassen werden
[ɛntˈlasn veːɐdn̩]

الكومْبيوتَر – **DER COMPUTER**

حاسوب مَكْتَبي
der Desktop-Computer -
[ˈdɛsktɔp kɔmpjuːtɐ]

زر تَشْغيل/اِطْفاء
der Ein/Aus-Schalter -
[ˈainˈʔausʃaltɐ]

مِنْفَذ USB
die USB-Schnittstelle -n
[uːʔɛsˈbeːˈʃnɪtʃtɛlə]

مُحَرِّك قُرْص مَضْغوط/قُرْص رَقمي
das CD/DVD-Laufwerk -e
[tseːˈdeːˈdeːfauˈdeːlaʊfvɛrk]

لَوْحة مَفاتيح
die Tastatur -en
[tastaˈtuːɐ]

شاشة
der Bildschirm -e
[ˈbɪltʃɪrm]

فَأْرة
die Maus
Mäuse [maus]

عَجَلة تَدوير
das Scrollrad
-räder [ˈskrɔlraːt]

كُمْبيوتَر مَحْمول
der/das Laptop -s
[ˈlɛptɔp]

كَبْل كَهْرُباء
das Stromkabel -
[ˈʃtroːmkaːbl]

كاميرا ويب
die Webcam -s
[ˈwɛbkɛm]

مُكَبِّر صَوْت
der Lautsprecher -
[ˈlautʃprɛçɐ]

قُرْص مَضْغوط
die CD-ROM -s
[tse:de:ˈrɔm]

موصِل USB
der USB-Stick -s
[uˈʔɛsˈbeːstɪk]

ماسِحة
der Scanner -
[ˈskɛnɐ]

طابِعة نافِثة للحِبْر
der Tintenstrahldrucker
- [ˈtɪntənʃtraːldrʊkɐ]

طابِعة ليزر
der Laserdrucker -
[ˈleːzɐdrʊkɐ]

مَحْبَرة
die Tintenpatrone -n
[ˈtɪntənpatroːnə]

خَرْطوشة حِبْر
die Tonerkartusche -n
[ˈtoːnɐkartʊʃə]

قاعِدة للفَأْرة
das Mauspad -s
[ˈmauspɛt]

أدْخَل	*eingeben*	[ˈainɡeːbn̩]
أزاح مِلَف	*eine Datei verschieben*	[ainə daˈtai fɛɐ̯ˈʃiːbən]
عمِل نُسْخة احْتِياطِيّة	*eine Sicherungskopie erstellen*	[ainə ˈzɪçerʊŋskopiː ɛɐ̯ʃtelən]
علَّم	*markieren*	[marˈkiːrən]
سَجَّل الدُّخول	*sich einloggen*	[zɪç ˈainlɔɡn̩]
سَجَّل الخُروج	*sich ausloggen*	[zɪç ˈauslɔɡn̩]
إعادة تَشْغيل	*der Neustart* -s	[ˈnɔyʃtart]
بايت	*(die) Bytes* Pl	[baits]

كتَب
tippen
[ˈtɪpən]

الكومْبيوتَر – *DER COMPUTER*

نَقَرَ
klicken
[ˈklɪkən]

دَحْرَجَ
scrollen
[ˈskrɔlən]

قَصَّ
ausschneiden
[ˈausʃnaidən]

نَسَخَ
kopieren
[koˈpiːrən]

أضافَ
einfügen
[ˈainfyːgən]

طَبَعَ مَلَف
eine Datei ausdrucken
[ainə daˈtai ausdrʊkən]

خَزَّنَ
speichern
[ˈʃpaiçɐn]

فَتَح مَلَف
eine Datei öffnen
[ainə daˈtai œfnən]]

مَحا
löschen
[ˈlœʃən]

مُصَنَّف
der Ordner -
[ˈɔrdnɐ]

سلَّة مُهْمَلات
der Papierkorb
-körbe [paˈpiːɐ̯kɔrp]

بَحَثَ
suchen
[ˈzuːxn]

ألغى
rückgängig machen
[ˈrʏkɡɛŋɪç ˈmaxən]

أعادَ
wiederherstellen
[viːdɐˈheːɐ̯ʃtɛlən]

إعْدادات
die Einstellungen
Pl [ˈainʃtɛlʊŋən]

نوْع الخَط
die Schriftart -en
[ˈʃrɪftart]

شَغَّل الكُمبيوتَر
den Rechner hochfahren
[deːn ˈrɛçnɐ ˈhoːxfaːrən]

أغْلَق الكُمبيوتَر
den Rechner herunterfahren
[deːn ˈrɛçnɐ hɛˈrʊntɐfaːrən]

مؤشِّر الفأرة
der Mauszeiger -
[ˈmaustsaigɐ]

ساعة رَمْلِيَّة
die Sanduhr -en
[ˈzantʔuːɐ̯]

مِلَف	*die Datei* -en	[daˈtai]
بَرْنامِج	*das Programm* -e	[proˈɡram]
شريط تمرير	*der Scrollbalken* -	[ˈskrɔlbalkən]
رَكَّبَ بَرْنامِج	*ein Programm installieren*	[ain proˈɡram ɪnstaˈliːrən]
ألغى بَرْنامِج	*ein Programm deinstallieren*	[ain proˈɡram ˈdeɪnstaliːrən]
نِظام تَشْغيل	*das Betriebssystem* -e	[bəˈtriːpszʏsteːm]
شريط مَهام	*die Taskleiste* -n	[ˈtaːsklaistə]
شريط تَقَدُّم	*der Fortschrittsbalken* -	[ˈfɔrtʃrɪtsbalkən]

تَبليغ عَن خَطَأ
die Fehlermeldung
-en [ˈfeːlɐmɛldʊŋ]

الأنْتِرنِت – DAS INTERNET

واي فاي
das WLAN -s
[ˈveːlan]

مُسْتَعْرِض ويب
der Browser -
[ˈbrauzɐ]

تَحْميل
der Download -s
[ˈdaʊnloʊd]

رِسالة
die Nachricht -en
[ˈnaːxrɪçt]

وَسائِل إعْلام اِجْتِماعِيّة
die Social Media
Pl [ˈsoʊʃəl ˈmiːdiə]

تَشْفير
die Verschlüsselung
-en [fɛɐˈʃlʏsəlʊŋ]

عُنْوان بَريد الِكْتِروني
die E-Mail-Adresse
-n [ˈiːmeɪladrɛsə]

مُلْحَق
der Anhang
Anhänge [ˈanhaŋ]

تَمْرير رِسالة
eine Mail weiterleiten
[aɪnə ˈmeɪl ˈvaɪtɐlaɪtn̩]

أَرْسَل	senden	[ˈzɛndn̩]
اِسْتَقْبَل	empfangen	[ɛmˈpfaŋən]
حِساب شَخْصي	das Benutzerkonto -konten	[bəˈnʊtsɐkɔnto]
بَريد وارِد	der Posteingang -eingänge	[ˈpɔstaingaŋ]
بَريد صادِر	der Postausgang -ausgänge	[ˈpɔstausgaŋ]
رِسالة غِياب المُتَلَقّي	die Abwesenheitsnotiz -en	[ˈapveːznhaɪtsnotiːts]
بَريد غَيْر مَرْغوب فيه	die Spammail -s	[ˈspæmmeːl]
تَصَفَّح الأنْتِرنِت	im Internet surfen	[ɪm ˈɪntɐnɛt ˈsəːfən]

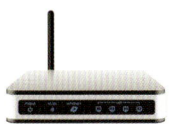

راوتَر
der Router -
['ru:tɐ]

كُمْبِيوتَر لَوْحي
der Tablet-Computer -
['tɛblɛtkɔmpju:tɐ]

شَريحَة SIM
die SIM-Karte -n
['zimkartə]

تَطْبيق
die App -s
[ɛp]

هاتِف جَوّال
das Handy -s
['hɛndi]

مُسَيِّر خُلْوي
der Surfstick -s
['zøːɐ̯fstɪk]

رِسالَة نَصّيَة قَصيرَة
die SMS -
[ɛsʔɛmˈʔɛs]

هاتِف ذَكي
das Smartphone -s
['smaːtfoʊn]

مَخْزَن بَيانات	der Datenspeicher -	['daːtn̩ʃpaɪçɐ]
بَرْمَجِيّات	die Software -s	['sɔftvɛːɐ̯]
مَكان خارِج التَّغْطِيَة	das Funkloch -löcher	['fʊŋklɔx]
سِعْر مُوَحَّد	die Flatrate -s	['flɛtreɪt]
بِطاقَة مُسْبَقَة الدَّفْع	die Prepaidkarte -n	['priːpeɪtkartə]
رَصيد	das Guthaben -	['guːthaːbn̩]
رَنّة	der Klingelton -töne	['klɪŋltoːn]
بَطّارِيَّة	der Akku -s	['aku]

شاشَة لَمْس
der Touchscreen -s
['tatʃskriːn]

الهاتِف – **_DAS TELEFON_**

شاشة عَرْض
das _Display_ -s
[dɪsˈpleɪ]

سَمّاعة
der _Kopfhörer_ -
[ˈkɔpfhøːrɐ]

لَوْحة مَفاتيح
das _Tastenfeld_ -er
[ˈtastn̩felt]

ميكُروفُون
das _Mikrofon_ -e
[mikroˈfoːn]

سَمّاعة هاتِف
der _Telefonhörer_ -
[teːleˈfoːnhøːrɐ]

كَبْل
das _Kabel_ -
[ˈkaːbl̩]

جِهاز الرَّدّ على المُكالمات
der _Anrufbeantworter_ -
[ˈanruːfbəʔantvɔrtɐ]

اتَّصل بِشَخصٍ ما	_jemanden anrufen_	[ˈjeːmandn̩ ˈanruːfn̩]
طلَب رَقَماً	_wählen_	[ˈvɛːlən]
رَنَّ	_klingeln_	[ˈklɪŋln̩]
أريدُ أن أكَلِّم...من فضْلك.	_Ich möchte bitte ... sprechen._	[ɪç ˈmœçtə ˈbɪtə ... ˈʃprɛçn̩]
عُذراً، أخْطَأْتُ الاتِّصال.	_Entschuldigung, ich habe mich verwählt._	[entˈʃʊldɪɡʊŋ ɪç ˈhaːbə mɪç fɛɐˈvɛːlt]
سَأحَوِّلُك.	_Ich stelle Sie durch._	[ɪç ˈʃtɛlə ziː ˈdʊrç]
يُرجى تَرْك رسالة بَعْد سَماع الصّافِرة.	_Bitte hinterlassen Sie eine Nachricht nach dem Signalton._	[ˈbɪtə hɪntɐlasn̩ ziː aɪnə ˈnaːxrɪçt naːx deːm zɪˈɡnaːltoːn]
هل يُمْكِنُك الاتِّصال بي مَرَّة أُخْرى؟	_Können Sie mich bitte zurückrufen?_	[ˈkœnən ziː mɪç ˈbɪtə tsuˈrʏkruːfn̩]

جِهاز فاكْس
das _Faxgerät_ -e
[ˈfaksɡərɛːt]

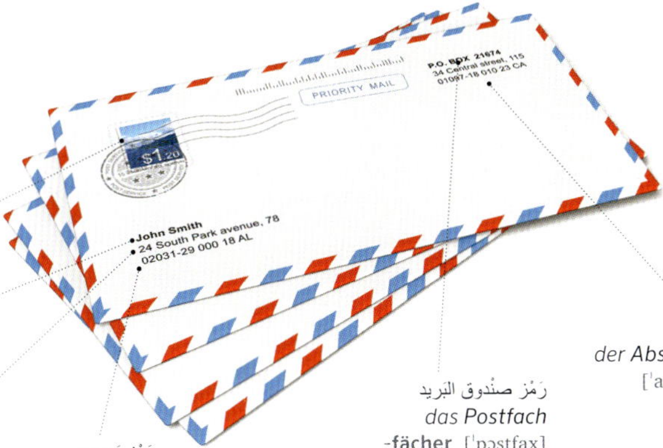

ظَرْف بَريدي
der Briefumschlag
-umschläge
[ˈbriːfʔʊmʃlaːk]

طابع بريدي
die Briefmarke -n
[ˈbriːfmarkə]

مُتَلَقّي
der Empfänger -
[ɛmˈpfɛŋɐ]

عُنْوان
die Adresse -n
[aˈdrɛsə]

رَمْز بريدي
die Postleitzahl -en
[ˈpɔstlaittsaːl]

رَمْز صندوق البريد
das Postfach
-fächer [ˈpɔstfax]

مُرْسِل
der Absender -
[ˈapzɛndɐ]

رسالة	der Brief -e	[briːf]
رسالة مُسْتَعْجَلة	der Eilbrief -e	[ˈailbriːf]
بريد مَدْفوع	portofrei	[ˈpɔrtofrai]
تَلَقّى رسالة	einen Brief erhalten	[ainən ˈbriːf ˈɛɐhaltn̩]
أجاب على رسالة	einen Brief beantworten	[ainən ˈbriːf bəˈantvɔrtn̩]
أرْسَل رسالة لِشَخْص ما	jemandem einen Brief schicken	[jeˈmandəm ainən ˈbriːf ˈʃɪkn̩]
بريد مُسَجَّل	das Einschreiben -	[ˈainʃraibn̩]

صنْدوق بريد
der Briefkasten -kästen
[ˈbriːfkastn̩]

البريد – *DIE POST*

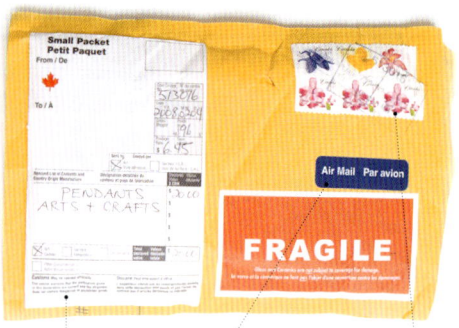

جانب عُلْوي
oben
[ˈoːbn̩]

قابل للكَسْر
zerbrechlich
[tsɛɡˈbrɛçlɪç]

حمى من الرُطوبة
vor Nässe schützen
[fɔɡ ˈnɛsə ˈʃʏtsn̩]

طرْد صغير
das Päckchen -
[ˈpɛkçən]

بالبريد الجوّي
per Luftpost
[pɐ ˈlʊftpɔst]

ثَمَن الطوابع
das Porto
-s; Porti
[ˈpɔrto]

طرْد بريدي
das Paket -e
[paˈkeːt]

أوْصَل	*liefern*	[ˈliːfɐn]
أوْقات تَجميع	*die Leerungszeiten Pl*	[ˈleːrʊŋstsaitn̩]
شَحْن مَجاني	*versandkostenfrei*	[fɛɐˈzantkɔstn̩frai]
وَزْن	*das Gewicht -e*	[ɡəˈvɪçt]
ميزان	*die Waage -n*	[ˈvaːɡə]
صُنْدوق بريد مَنْزلي	*der Hausbriefkasten -kästen*	[ˈhausbriːfkastn̩]
حوالة بَريدِيّة	*die Postanweisung -en*	[ˈpɔstanvaizʊŋ]
لا تَثْنِ!	*Nicht knicken!*	[ˈnɪçt ˈknɪkn̩]

حاجاتُ الرَّضيع – *BABYSACHEN*

حفاض قُماشي
die Stoffwindel
-n [ˈʃtɔfvɪndl̩]

حفاض لمَرّة واحدة
die Wegwerfwindel
-n [ˈvɛkvɛrfvɪndl̩]

لباس ثَلْج
der Schneeanzug
-anzüge
[ˈʃneːʔantsuːk]

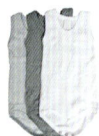
قميص داخلي
der Body
-s [ˈbɔdi]

قُفّاز رَضيع
der Babyfäustling
-e [ˈbeːbifɔystlɪŋ]

لباس رَضيع
der Strampler
- [ˈʃtramplɐ]

قُبّعة صوفيّة
die Mütze -n
[ˈmʏtsə]

حذاء رَضيع
das Babyschühchen
- [ˈbeːbiʃyːçən]

قُبّعة شَمْس
der Sonnenhut
-hüte [ˈzɔnənhuːt]

جَوارب صغيرَة
das Söckchen
- [ˈzœkçən]

مَصّاصَة
der Schnuller
- [ˈʃnʊlɐ]

مَرْيَلة
das Lätzchen
- [ˈlɛtsçən]

غطاء رَضيع
die Babydecke
-n [ˈbeːbidɛkə]

بَذلة
der Anzug
Anzüge
[ˈantsuːk]

ياقة
der Kragen -;
Krägen [ˈkraːgən]

رباط عُنُق
die Krawatte -n
[kraˈvatə]

قَميص
das Hemd -en
[hɛmt]

جاكيت
der/das Sakko -s
[ˈzako]

بنْطَلون
die Hose -n
[ˈhoːzə]

تى شيرت
das T-Shirt -s
[ˈtiːʃøːɐ̯t]

كَنْزة بِقَبّة
das Polohemd -en
[ˈpoːlohɛmt]

كَنْزة بِقَبّة عالية
der Rollkragenpullover
- [ˈrɔlkraːgnpʊloːvɐ]

شورْت
die kurze Hose
[kʊrtsə ˈhoːzə]

لباس داخلي
die Unterhose -n
[ˈʊntɐhoːzə]

شورْت سِباحة
die Badehose -n
[ˈbaːdəhoːzə]

كَتَّافِيَّة - DAMENKLEIDUNG المَلابِس النِّسائِيَّة

كَتَّافِيَّة
das Schulterpolster
- [ˈʃʊltɐpɔlstɐ]

كَنزَة بِلا أَكْمام
das Oberteil -e
[ˈoːbɐtail]

جاكيت
der Blazer -
- [ˈbleːzɐ]

جينز
die Jeans -
- [ˈdʒiːnz]

جَزْمَة قَصيرَة
die Stiefelette -n
[ʃtiːfəˈlɛtə]

فُسْتان
das Kleid -er
[klait]

كَنزَة بِحَمّالات
das Trägertop -s
[ˈtrɛːgɐtɔp]

بُلوزَة
die Bluse -n
[ˈbluːzə]

سُتْرَة صُوفِيَّة
die Strickjacke -n
[ˈʃtrɪkjakə]

تَنّورَة
der Rock
Röcke [rɔk]

شورْت
die Shorts
Pl [ʃoːɐ̯ts]

بَنْطَلون جَوْرَبي
die Strumpfhose
-n [ˈʃtrʊmpfhoːzə]

بَنْطَلون مَطَّاطي
die Leggings
Pl [ˈlɛɡɪŋs]

حَمّالة صَدْر
der BH -; -s
[beːˈhaː]

لِباس سِباحة
der Badeanzug
-anzüge
[ˈbaːdəʔantsuːk]

لِباس داخِلي لِلنِّساء
der Slip -s
[slɪp]

جَوْرَب
die Socke -n
[ˈzɔkə]

نَظّارة
die Brille -n
[ˈbrɪlə]

نَظّارة شَمْسِيّة
die Sonnenbrille -n
[ˈzɔnənbrɪlə]

سَحّاب	*der Reißverschluss -verschlüsse*	[ˈraisfɛɐʃlʊs]
لاصِق قُماشي	*der Klettverschluss -verschlüsse*	[ˈklɛtfɛɐʃlʊs]
حَقيبة سَفَر	*die Reisetasche -n*	[ˈraizətaʃə]
شَنْطة سَفَر	*der Koffer -*	[ˈkɔfɐ]
هَل يُمْكِنُني أَن أُجَرِّب هَذا؟	*Könnte ich das mal anprobieren?*	[ˈkœntə ɪç das maːl ˈanproˌbiːrən]
هَل لَدَيْك هَذا بِمَقاس أَكْبَر/أَصْغَر؟	*Haben Sie das auch eine Nummer größer/kleiner?*	[haːbn̩ ziː das aux ainə nʊmɐ ˈɡrøːsɐ/ˈklainɐ]
هَذا مَقاسُهُ مُناسِب، سَآخُذُهُ	*Das passt gut, ich nehme es.*	[das past ˈɡuːt, ɪç ˈneːmə ɛs]
زِر	*der Knopf Knöpfe*	[knɔpf]

حَقيبة ظَهْر
der Rucksack
-säcke [ˈrʊkzak]

أَحْذِية وَسِلَع جِلْدِيَّة – *SCHUHE UND LEDERWAREN*

صَنْدَل
die Sandale -n
[zanˈdaːlə]

جَزْمَة مَطَّاطِيَّة
der Gummistiefel -
[ˈgʊmiʃtiːfl̩]

شِبْشِب شاطِئ
der Flip-Flop® -s
[ˈflɪpflɔp]

جَزْمَة عالِيَة
der hohe Stiefel
[hoːhə ˈʃtiːfl̩]

حِذاء رِياضي
der Turnschuh -e
[ˈtʊrnʃuː]

حِزام
der Gürtel -
[ˈgʏrtl̩]

حِذاء بِرِباط
der Schnürschuh -e
[ˈʃnyːɐ̯ʃuː]

حِذاء مَشْي
der Wanderstiefel -
[ˈvandɐʃtiːfl̩]

صَنْدَل رَحَلات
die Trekkingsandale
-n [ˈtrekɪŋzandaːlə]

رِباط حِذاء	*der Schnürsenkel* -	[ˈʃnyːɐ̯zɛŋkl̩]
عُرْوَة حِزام	*die Gürtelschlaufe* -n	[ˈgʏrtl̩ʃlaufə]
كَعْب عَريض	*der Keilabsatz* -absätze	[ˈkailʔapzats]
كَعْب	*der Absatz Absätze*	[ˈapzats]
نَعْل	*die Sohle* -n	[ˈzoːlə]
حِزام	*der Riemen* -	[ˈriːmən]
بُكْلَة	*die Schnalle* -n	[ˈʃnalə]

خَدَمَات الطّوارئ
NOTDIENSTE

إسْعافات أوليّة – *ERSTE HILFE*

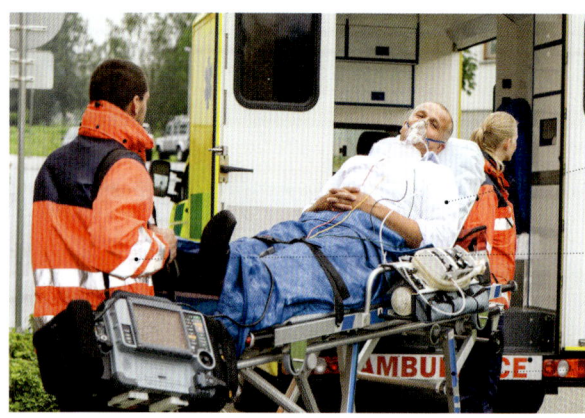

سَيّارة إسْعاف
der Rettungswagen
- [ˈrɛtʊŋsvaːɡn̩]

ضَحيّة حادث
das Unfallopfer -
[ˈʊnfalˌɔpfɐ]

مُساعدة طبّية
der Sanitäter -
[zaniˈtɛːtɐ]

نَقّالة
die Trage -n
[ˈtraːɡə]

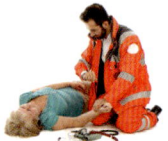

قِياس النَّبْض
die Pulsmessung -en
[ˈpʊlsmɛsʊŋ]

وَضْع الإفاقَة
die stabile Seitenlage
[ʃtaˈbiːlə ˈzaitn̩laːɡə]

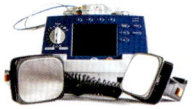

جِهاز مُزيل الرَّجفان
der Defibrillator -en
[defibrɪˈlaːtoːɐ̯]

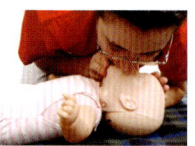

نَفْخ من الفَم للفَم
*die Mund-zu-Mund-
Beatmung* -en
[mʊnttsuˈmʊntbəʔaːtmʊŋ]

شُرْطِيَّة
die Polizistin -nen
[poliˈtsɪstɪn]

شُرْطِي
der Polizist -en
[poliˈtsɪst]

سَيَّارَة شُرْطَة
das Polizeiauto -s
[poliˈtsaiʔauto]

سَطْو
der Einbruch
Einbrüche [ˈainbrʊx]

سَرِقَة
der Diebstahl
Diebstähle [ˈdiːpʃtaːl]

عُنْف
die Gewalt
kein Pl [gəˈvalt]

مُدَاهَمَة سَرِقَة
der Raubüberfall
-überfälle [ˈraupʔyːbɐfal]

جُرْم	*die Straftat* -en	[ˈʃtraːftaːt]
إِصَابَة جَسَدِيَّة	*die Körperverletzung* -en	[ˈkœrpɐfɛɐletsʊŋ]
اِغْتِصَاب	*die Vergewaltigung* -en	[fɛɐgəˈvaltɪgʊŋ]
قَتْل	*der Mord* -e	[mɔrt]
مُدَاهَمَة	*der Überfall* Überfälle	[ˈyːbɐfal]
هَرَب	*fliehen*	[ˈfliːən]
أَزْعَج	*belästigen*	[bəˈlɛstɪgn̩]
إِدَانَة	*die Schuld* kein Pl	[ʃʊlt]

نَشْل
der Taschendiebstahl
-diebstähle [ˈtaʃn̩diːpʃtaːl]

الإطْفاء – *DIE FEUERWEHR*

مَخْرَج طَوارئ
der Notausgang
-ausgänge ['noːtʔausgɛŋ]

رَجُل إطْفاء
der Feuerwehrmann
-männer
['fɔyɐveːɐ̯man]

طَفَّايَة حَريق
der Feuerlöscher -
['fɔyɐloeʃɐ]

صَنْبور
der Hydrant -en
[hyˈdrant]

نُقْطَة تَجَمُّع
der Sammelpunkt -e
['zamlpʊŋkt]

جِهاز إنْذار الدُّخان
der Rauchmelder -
['rauxmɛldɐ]

سُتْرَة نَجاة
die Schwimmweste
-n ['ʃvɪmvɛstə]

طارَة إنْقاذ
der Rettungsring -e
['rɛtʊŋsrɪŋ]

رَقَم طَوارئ
die Notrufnummer -n
['noːtruːfnʊmɐ]

مَفْقودون	der/die Vermisste -n	[fɛɐ̯ˈmɪstə]
فَريق بَحْث	die Suchmannschaft -en	['zuːxmanʃaft]
خَطَر	die Gefahr -en	[gəˈfaːɐ̯]
النَّجْدَة!	Hilfe!	['hɪlfə]!
لَقَد وَقَع حادِث!	Es ist ein Unfall passiert!	[ɛs ɪst ain ˈʊnfal pasiːɐ̯t]
إتَّصِل بِسَيّارَة الاسْعاف!	Rufen Sie einen Rettungswagen!	[ruːfn̩ ziː ainən ˈrɛtʊŋsvaːgn̩]
إتَّصِل بِالشُّرْطَة!	Rufen Sie die Polizei!	[ruːfn̩ ziː diː poliˈtsai]
إتَّصِل بِالإطْفاء!	Rufen Sie die Feuerwehr!	[ruːfn̩ ziː diː ˈfɔyɐveːɐ̯]

البُنُك – *DIE BANK*

جهاز دَفع بالبطاقة
das Chipkartenterminal -s
[ˈtʃipkartn̩tøɐ̯mɪnl̩]

شبّاك
der Schalter -
[ˈʃaltɐ]

أمين صُنْدوق
die Kassiererin -nen
[kaˈsiːrərɪn]

بطاقة خَصم مُباشر
die EC-Karte -n
[eːˈtseːkartə]

لَوْحة مفاتيح
das Tastenfeld -er
[ˈtastn̩fɛlt]

خَدمات مصرفيّة عَبرَ الأنتَرْنِت
das Onlinebanking
kein Pl [ˈɔnlaɪnbɛŋkɪŋ]

سَحْب نُقود بالدَّيْن	*die Kontoüberziehung* -en	[ˈkɔntoʔyːbɐtsiːʊŋ]
حساب جاري	*das Girokonto* -konten	[ˈʒiːrokɔnto]
حساب تَوْفير	*das Sparkonto* -konten	[ˈʃpaːɐ̯kɔnto]
رَقَم سري	*die PIN-Nummer* -n	[ˈpɪnnʊmɐ]
مُعَدَّل فائدة	*der Zinssatz* -sätze	[ˈtsɪnszats]
قَرْض	*das Darlehen* -	[ˈdaːɐ̯leːən]
رَهْن عقاري	*die Hypothek* -en	[hypoˈteːk]
رَقَم حساب	*die Kontonummer* -n	[ˈkɔntonʊmɐ]

عُمْلَة وَرِقِّيَة
der Geldschein -e
['gɛltʃain]

عُمْلَة مَعْدِنِيَّة
die Münze -n
['myntsə]

عُمْلَة
die Währung -en
['vɛːrʊŋ]

بطاقة ائتمان
die Kreditkarte -n
[kreˈdiːtkartə]

صَرَّاف آلي
der Geldautomat -en
['gɛltʔautomaːt]

أَوْدَعَ نُقود في حسابه
Geld einzahlen
['gɛlt aintsaːlən]

سحَب نُقود من حسابه
Geld abheben
['gɛlt apheːbn̩]

فاتورَة
die Rechnung -en
['rɛçnʊŋ]

هل يُمْكِنُك أن تَصْرِف لي؟	*Könnten Sie mir das bitte wechseln?*	[kœntn̩ ziː miːɐ das bɪtə ˈvɛksl̩n]
ما سِعْرُ الصَّرْف اليَوْم؟	*Wie ist der aktuelle Wechselkurs?*	['viː ɪst deːɐ aktuɛlə ˈvɛkslkʊrs]
أريد أن أَفْتَح حساباً.	*Ich möchte gerne ein Konto eröffnen.*	[ɪç mœçtə gɛrnə ain ˈkɔnto ʔɐˈʔœfnən]
مَبْلَغ	*der Betrag Beträge*	[bəˈtraːk]
عُمولَة	*die Provision* -en	[proviˈzjoːn]
مكْتَب صرافة	*die Wechselstube* -n	['vɛksl̩ʃtuːbə]

إشْعار تَحْويل
der Überweisungsschein
-e [yːbɐˈvaizʊŋsʃain]

الأعداد – *DIE ZAHLEN*

صِفْر
null
[nʊl]

واحِد
eins
[ains]

اثْنان
zwei
[tsvai]

ثَلاثَة
drei
[drai]

أَرْبَعَة
vier
[fiːɐ̯]

خَمْسَة
fünf
[fʏnf]

سِتَّة
sechs
[zɛks]

سَبْعَة
sieben
[ˈziːbn̩]

ثَمانِية
acht
[axt]

تِسْعَة
neun
[nɔyn]

عَشَرَة
zehn
[tseːn]

أَحَدَ عَشَر	*elf*	[ɛlf]
اِثْنَا عَشَر	*zwölf*	[tsvoelf]
ثَلَاثَةَ عَشَر	*dreizehn*	[ˈdraitseːn]
أَرْبَعَةَ عَشَر	*vierzehn*	[ˈfɪrtseːn]
خَمْسَةَ عَشَر	*fünfzehn*	[ˈfʏnftseːn]
سِتَّةَ عَشَر	*sechzehn*	[ˈzɛçtseːn]
سَبْعَةَ عَشَر	*siebzehn*	[ˈziːptseːn]
ثَمَانِيَةَ عَشَر	*achtzehn*	[ˈaxtseːn]
تِسْعَةَ عَشَر	*neunzehn*	[ˈnɔyntseːn]
عِشْرُون	*zwanzig*	[ˈtsvantsɪç]
وَاحِد وَعِشْرُون	*einundzwanzig*	[ˈainʔʊnttsvantsɪç]
اِثْنَان وَعِشْرُون	*zweiundzwanzig*	[ˈtsvaiʔʊnttsvantsɪç]
ثَلَاثَة وَعِشْرُون	*dreiundzwanzig*	[ˈdraiʔʊnttsvantsɪç]
ثَلَاثُون	*dreißig*	[ˈdraisɪç]
أَرْبَعُون	*vierzig*	[ˈfɪrtsɪç]
خَمْسُون	*fünfzig*	[ˈfʏnftsɪç]
سِتُّون	*sechzig*	[ˈzɛçtsɪç]
سَبْعُون	*siebzig*	[ˈziːptsɪç]
ثَمَانُون	*achtzig*	[ˈaxtsɪç]
تِسْعُون	*neunzig*	[ˈnɔyntsɪç]
مِائَة	*hundert*	[ˈhʊndɐt]

مِائَتَان وَاثْنَان وَعِشْرُون	*zweihundert zweiundzwanzig*	[ˈtsvaihʊndɛttsvaiʔ ʊnttsvantsɪç]
أَلْف	*tausend*	[ˈtauznt]
عَشْرَة الآلاف	*zehntausend*	[ˈtseːntauznt]
عِشْرُون أَلْف	*zwanzigtausend*	[ˈtsvantsɪçtauznt]
خَمْسُون أَلْف	*fünfzigtausend*	[ˈfʏnftsɪçtauznt]
خَمْسَة وَخَمْسُون أَلْف	*fünfundfünfzig- tausend*	[ˈfʏnfʊntfʏnftsɪç- tauznt]
مِائَة أَلْف	*hunderttausend*	[ˈhʊndɛttauznt]
مِلْيُون	*eine Million Millionen*	[ˈainə mɪˈljoːn]
مِلْيَار	*eine Milliarde Milliarden*	[ˈainə mɪˈljardə]
بِلْيُون	*eine Billion Billionen*	[ˈainə bɪˈljoːn]

الأعداد – *DIE ZAHLEN*

أوّل	*erste(r, s)*	[ˈeːɐ̯stə]
ثاني	*zweite(r, s)*	[ˈtsvaitə]
ثالث	*dritte(r, s)*	[ˈdrɪtə]
رابع	*vierte(r, s)*	[ˈfiːptə]
خامس	*fünfte(r, s)*	[ˈfʏnftə]
سادس	*sechste(r, s)*	[ˈzɛkstə]
سابع	*siebte(r, s)*	[ˈziːptə]
ثامن	*achte(r, s)*	[ˈaxtə]
تاسع	*neunte(r, s)*	[ˈnɔyntə]
عاشر	*zehnte(r, s)*	[ˈtseːntə]
حادي عشر	*elfte(r, s)*	[ˈɛlftə]
ثاني عشر	*zwölfte(r, s)*	[ˈtsvoelftə]
ثالث عشر	*dreizehnte(r, s)*	[ˈdraitseːntə]
رابع عشر	*vierzehnte(r, s)*	[ˈfɪrtseːntə]
خامس عشر	*fünfzehnte(r, s)*	[ˈfʏnftseːntə]
سادس عشر	*sechzehnte(r, s)*	[ˈzɛçtseːntə]
سابع عشر	*siebzehnte(r, s)*	[ˈziːptseːntə]
ثامن عشر	*achtzehnte(r, s)*	[ˈaxttseːntə]
تاسع عشر	*neunzehnte(r, s)*	[ˈnɔyntseːntə]
العشرون	*zwanzigste(r, s)*	[ˈtsvantsɪçstə]
الحادي والعشرون	*einundzwanzigste(r, s)*	[ˈainʔʊnttsvantsɪçstə]
الثاني والعشرون	*zweiundzwanzigste(r, s)*	[ˈtsvaiʔʊnttsvantsɪçstə]

الثُّلاثون	*dreißigste(r, s)*	['draisɪçstə]
الأرْبعون	*vierzigste(r, s)*	['fɪrtsɪçstə]
الخَمْسون	*fünfzigste(r, s)*	['fʏnftsɪçstə]
السِّتّون	*sechzigste(r, s)*	['zɛçtsɪçstə]
السَّبْعون	*siebzigste(r, s)*	['ziːptsɪçstə]
الثَّمانون	*achtzigste(r, s)*	['axtsɪçstə]
التِّسْعون	*neunzigste(r, s)*	['nɔyntsɪçstə]
المائة	*hundertste(r, s)*	['hʊndɐtstə]
المئتان	*zweihunderterste(r, s)*	[tsvaihʊndɐt'ʔeːɐstə]
المئتان والخامس والعِشْرون	*zweihundertfünfundzwanzigste(r, s)*	[tsvaihʊndɐtfʏnf'ʊnt'tsvantsɪçstə]
الثَّلاثُمائة	*dreihundertste(r, s)*	['draihʊndɐtstə]
الألْف	*tausendste(r, s)*	['tauzn̩tstə]
العاشِر ألْف	*zehntausendste(r, s)*	['tseːntauzn̩tstə]
المليون	*millionste(r, s)*	[mɪ'ljoːnstə]
العاشِر مليون	*zehnmillionste(r, s)*	['tseːnmɪljoːnstə]
قَبْل الأخير	*vorletzte(r, s)*	['foːɐlɛtstə]
الأخير	*letzte(r, s)*	['lɛtstə]

الأعداد – *DIE ZAHLEN*

نِصْف	*ein halber/ein halbes/eine halbe*	[ain 'halbɐ/ain 'halbəs/ainə 'halbə]
ثُلْث	*ein Drittel*	[ain 'drɪtl]
رُبْع	*ein Viertel*	[ain 'fɪrtl]
خُمْس	*ein Fünftel*	[ain 'fʏnftl]
ثُمْن	*ein Achtel*	[ain 'axtl]
ثلاثة أرْباع	*drei Viertel*	[drai 'fɪrtl]
خُمْسَيْن	*zwei Fünftel*	[tsvai 'fʏnftl]
سَبْعة وَنِصْف	*siebeneinhalb*	[zi:bnain'halp]
اثْنان على سَبْعة عشر	*zwei Siebzehntel*	[tsvai 'zi:ptse:ntl]
خَمْسة وَثلاثة أثْمان	*fünf und drei Achtel*	['fʏnf ʊnt drai 'axtl]
مَرّة واحِدة	*einmal*	['ainma:l]
مَرّتان	*zweimal*	['tsvaima:l]
ثلاث مَرّات	*dreimal*	['draima:l]
أرْبعُ مَرّات	*viermal*	['fi:ɐma:l]
عِدّة مَرّات	*mehrmals*	['me:ɐma:ls]
أحياناً	*manchmal*	['mançma:l]
أبداً	*niemals*	['ni:ma:ls]
مِثْل	*einfach*	['ainfax]
مُزْدَوِج/ضِعْفَيْن	*doppelt/zweifach*	['dɔplt/'tsvaifax]
ثلاثةُ أضْعاف	*dreifach*	['draifax]
أرْبَعةُ أضْعاف	*vierfach*	['fi:ɐfax]
خَمْسةُ أضْعاف	*fünffach*	['fʏnffax]
سِتّةُ أضْعاف	*sechsfach*	['zɛksfax]
مُتَعَدِّد الأضْعاف/كَثير الأضْعاف	*mehrfach/vielfach*	['me:ɐfax/'fi:lfax]

زَوْج	ein Paar	[ain 'pa:ɐ̯]
بَعْض	ein paar	[ain 'pa:ɐ̯]
قِلَّة	wenige	['ve:nɪɡə]
بَعْض	manche	['mançə]
كَثِير	viele	['fi:lə]
كِلا	beide	['baidə]
جَمِيع	alle	['alə]
كُل أَحَد	jeder/jede/jedes	['je:dɐ/'je:də/'je:dəs]

آلة حاسبة
der Taschenrechner -
['taʃnrɛçnɐ]

قَسَّمَ
dividieren
[divi'di:rən]

ضَرَبَ
multiplizieren
[mʊltipli'tsi:rən]

نِسْبَة مِئَوِيَّة
das Prozent -e
[pro'tsɛnt]

طَرَحَ
subtrahieren
[zʊptra'hi:rən]

جَمَعَ
addieren
[a'di:rən]

فاصِلَة عَشْرِيَّة
der Dezimalpunkt -e
[detsi'ma:lpʊŋkt]

يُساوي
ist gleich
[ɪst 'ɡlaiç]

الوَقْت – *DIE ZEIT*

الواحِدَة
ein Uhr
['ain 'uːɐ̯]

الثّانِيَة
zwei Uhr
['tsvai 'uːɐ̯]

الثّالِثَة
drei Uhr
['drai 'uːɐ̯]

الرّابِعَة
vier Uhr
['fiːɐ̯ 'uːɐ̯]

الخامِسَة
fünf Uhr
['fʏnf 'uːɐ̯]

السّادِسَة
sechs Uhr
['zɛks 'uːɐ̯]

السّابِعَة
sieben Uhr
['ziːbn̩ 'uːɐ̯]

الثّامِنَة
acht Uhr
['axt 'uːɐ̯]

الثّانِيَة عَشْرَة ظُهْراً
zwölf Uhr mittags
['tsvoelf 'uːɐ̯ 'mɪtaːks]

ساعة	*die Stunde* -n	['ʃtʊndə]
دقيقة	*die Minute* -n	[mi'nuːtə]
نِصْف ساعة	*eine halbe Stunde*	[ainə 'halbə 'ʃtʊndə]
ثانية	*die Sekunde* -n	[ze'kʊndə]
كم السّاعة الآن؟	*Wie viel Uhr ist es?*	[viː fiːl 'uːɐ̯ ɪst ɛs]
السّاعةُ الآن الثّانِيَة عَشْرَة.	*Es ist zwei Uhr.*	[ɛs ɪst 'tsvai 'uːɐ̯]
في أيّة ساعة؟	*Um wie viel Uhr?*	[ʊm 'viː fiːl 'uːɐ̯]
في السّاعة السّابِعَة.	*Um sieben Uhr.*	[ʊm 'ziːbn̩ 'uːɐ̯]

الثَّالِثَة عَشَرَ
dreizehn Uhr
['draitse:n 'u:ɐ̯]

الرَّابِعَة عَشَرَ
vierzehn Uhr
['fɪrtse:n 'u:ɐ̯]

الخامِسَة عَشَرَ
fünfzehn Uhr
['fʏnftse:n 'u:ɐ̯]

السَّادِسَة عَشَرَ
sechzehn Uhr
['zɛçtse:n 'u:ɐ̯]

السَّابِعَة عَشَرَ
siebzehn Uhr
['zi:ptse:n 'u:ɐ̯]

الثَّالِثَة والعِشْرون
dreiundzwanzig Uhr
['draiʔʊnttsvantsɪç 'u:ɐ̯]

مُنْتَصَف اللَّيْل
Mitternacht
['mɪtɐnaxt]

الثَّانِيَة عَشْرَة وَخَمْس دَقائِق
fünf nach zwölf
['fʏnf na:x 'tsvoelf]

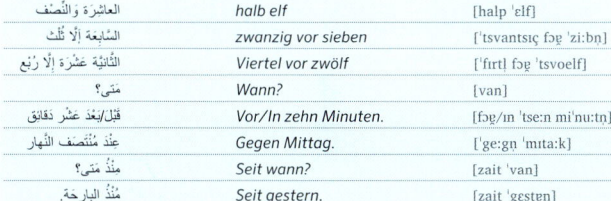

العاشِرَة والنِّصْف	*halb elf*	[halp 'ɛlf]
السَّابِعَة إلَّا ثُلُث	*zwanzig vor sieben*	['tsvantsɪç fɔɐ̯ 'zi:bn̩]
الثَّانِيَة عَشْرَة إلَّا رُبْع	*Viertel vor zwölf*	['fɪrtl̩ fɔɐ̯ 'tsvoelf]
مَتَى؟	*Wann?*	[van]
قَبْل/بَعْد عَشْر دَقائِق	*Vor/In zehn Minuten.*	[fɔɐ̯/ɪn 'tse:n mi'nu:tn̩]
عِنْد مُنْتَصَف النَّهار	*Gegen Mittag.*	['ge:gn̩ 'mɪta:k]
مُنْذُ مَتَى؟	*Seit wann?*	[zait 'van]
مُنْذُ البارِحَة.	*Seit gestern.*	[zait 'gɛstɐn]

التَّاسِعَة والرُّبْع
Viertel nach neun
['fɪrtl̩ na:x 'nɔyn]

الوَقْت – *DIE ZEIT*

مُنْتَصَف اللَّيْل
die Mitternacht
kein Pl ['mɪtɛnaxt]

صَباح
der Morgen -
['mɔrgn̩]

مُنْتَصَف النَّهار
der Mittag -e
['mɪta:k]

بَعْد الظُّهْر
der Nachmittag -e
['na:xmɪta:k]

مَساء
der Abend -e
['a:bn̩t]

رَبيع
der Frühling -e
['fry:lɪŋ]

صَيْف
der Sommer -
['zɔmɐ]

خَريف
der Herbst -e
[hɛrpst]

شِتاء
der Winter -
['vɪntɐ]

اليَوْم	*heute*	['hɔytə]
غَداً	*morgen*	['mɔrgn̩]
بَعْد غَد	*übermorgen*	['y:bɐmɔrgn̩]
البارِحَة	*gestern*	['gɛstɐn]
قَبْل البارِحَة	*vorgestern*	['fo:ɐgɛstɐn]
ماهُوَ تاريخ اليَوْم؟	*Welches Datum haben wir heute?*	[vɛlçəs 'da:tʊm ha:bn̩ vi:ɐ 'hɔytə]
التّاسِع مِن أَيْلول 2016	*der 9. September 2016*	[de:ɐ 'nɔyntə zɛp'tɛmbɐ tsvaitausn̩t'zɛçtse:n]
يَوْم عُطْلَة	*der Feiertag*	['faiɐta:k]

الأَحَد
der Sonntag -e
[ˈzɔnta:k]

الثُّلاثاء
der Dienstag -e
[ˈdi:nsta:k]

الخَميس
der Donnerstag -e
[ˈdɔnɐsta:k]

شَهْر
der Monat -e
[ˈmo:nat]

الاثْنَين
der Montag -e
[ˈmo:nta:k]

الأَرْبِعاء
der Mittwoch -e
[ˈmɪtvɔx]

الجُمْعَة
der Freitag -e
[ˈfraita:k]

السَّبْت
der Samstag -e
[ˈzamsta:k]

تاريخ
das Datum
Daten
[ˈda:tʊm]

يَوْم عَمَل
der Wochentag -e
[ˈvɔxnta:k]

أُسْبوع
die Woche -n
[ˈvɔxə]

يَوْم
der Tag -e
[ta:k]

نِهاية الأُسْبوع
das Wochenende -n
[ˈvɔxnʔɛndə]

سَنَة
das Jahr -e
[ˈja:ɐ̯]

المقاييس وأوزان وأكيال – *MASSE*

باينت
das Pint -s
[paɪnt]

لِتر
der/das Liter
- [ˈliːtɐ]

مِلّيلِتر
der/das Milliliter -
[mɪliˈliːtɐ]

أونْصَة
die Unze -n
[ˈʊntsə]

غرام
das Gramm
-e; - [gram]

كيلو غرام
das Kilogramm
-e; - [ˈkiːlogram]

ميل
die Meile -n
[ˈmailə]

كيلو مِتر
der Kilometer -
[kiloˈmeːtɐ]

مِتر	*der/das Meter* -	[ˈmeːtɐ]
مِتر مُرَبع	*der/das Quadratmeter* -	[kvaˈdraːtmeːtɐ]
مِلّيمِتر	*der/das Millimeter* -	[mɪliˈmeːtɐ]
سنْتيمِتر	*der/das Zentimeter* -	[tsɛntiˈmeːtɐ]
بوصَة	*der Zoll* -	[tsɔl]

دليل لُغوي مُصغّر
Mini-Sprachführer

دليل لُغوي مُصغّر
Mini-Sprachführer

هذه العبارات والجمل المفيدة ستساعدك على التعبير بثقة باللغة الألمانية في أكثر المواقف وأهمّها.

Mit diesen nützlichen Wörtern und Sätzen drücken Sie sich in den wichtigsten und häufigsten Situationen mit Sicherheit auf Deutsch aus.

أهمّ العبارات
Die wichtigsten Wörter

نعم	ja	[ja:]
لا	nein	[nain]
جيّد، طيّب	gut	[gu:t]
سيّئ، رديء	schlecht	[ʃleçt]
صحيح، سليم	richtig	[ˈrɪçtɪç]
خاطئ، غلط	falsch	[falʃ]
بخير، طيّب	okay	[oˈke:]
هُنا	hier	[hi:ɐ]
هُناك	dort	[dɔrt]
مع، بـ	mit	[mɪt]
بدون	ohne	[ˈo:nə]
و	und	[ʊnt]
أو	oder	[ˈo:dɐ]

المِرْحَاض والحَمّام
Toilette und Bad

أين يوجد المِرْحَاض؟	Wo ist bitte die Toilette?	[ˈvoː ɪst bɪtə diː twaˈlɛtə]
سيّدات	Damen	[ˈdaːmən]
رِجال	Herren	[ˈhɛrən]
مِرْحَاض السّيّدات	die Damentoilette	[ˈdaːməntwalɛtə]
مِرْحَاض الرِّجال	die Herrentoilette	[ˈhɛrəntwalɛtə]

محادثة
Im Gespräch
التّرحيب والتّوديع
Begrüßen und verabschieden

السّلام عليكم	Guten Tag!	[guːtn̩ ˈtaːk]
مساء الخير	Guten Abend!	[guːtn̩ ˈaːbnt]
أهلا وسهلا، السّلام عليكم	Hallo!	[haˈloː]
إلى اللقاء	Auf Wiedersehen!	[auf ˈviːdɐzeːən]
مع السّلامة	Tschüss!	[tʃyːs]

الملاطفة
Höflichkeit

من فضلك، تفضّل، العفو	bitte	[ˈbɪtə]
شكرا	danke	[ˈdaŋkə]
شكرا جزيلا	bitteschön	[ˈbɪtəʃøːn]
نعم، تفضّل	Ja, bitte.	[jaː ˈbɪtə]
لا، شكرا	Nein, danke.	[nain ˈdaŋkə]
لا شكر على واجب	Keine Ursache!	[kainə ˈuːɐzaxə]
عذرا، المعذرة	Entschuldigung	[ɛntˈʃʊldɪɡʊŋ]
عذرا، المعذرة	Entschuldigen Sie, ...	[ɛntˈʃʊldɪɡn̩ ziː …]
أنا آسف	Das tut mir leid.	[das tuːt miːɐ lait]
كيف الحال؟	Wie geht's?	[viː ˈɡeːts]
بخير شكرا، وأنت؟	Danke, gut. Und Ihnen/dir?	[ˈdaŋkə ˈɡuːt ʊnt ˈiːnən/diːɐ]

تفاهم
Kommunikation

ماذا؟ أعد من فضلك!	Wie bitte?	[ˈviː ˈbɪtə]
أنا أفهم	Ich verstehe.	[ɪç fɛrˈʃteːə]
لا أفهم	Ich verstehe nicht.	[ɪç fɛrˈʃteːə nɪçt]
هل بإمكانك(م) إعادة ذلك، لو سمحت(م)؟	Könnten Sie das bitte wiederholen?	[ˈkœntən ziː das bɪtə viːdɐˈhoːlən]
هل بإمكانك(م) التكلّم ببطء، لو سمحت(م)؟	Könnten Sie bitte langsamer sprechen?	[ˈkœntən ziː bɪtə ˈlaŋzaːmɐ ʃprɛçn̩]
هل بإمكانك(م) كتابة ذلك، لو سمحت(م)؟	Könnten Sie das bitte aufschreiben?	[ˈkœntən ziː das bɪtə ˈaʊfʃraɪbn̩]
ماذا يعني ...؟	Was bedeutet ...?	[ˈvas bəˈdɔʏtət …]

التعريف بالنفس
Sich vorstellen

ما اسمك؟	Wie heißt du?	[viː ˈhaɪst duː]
ما اسمك(م)؟ (صيغة الاحترام والجمع)	Wie heißen Sie?	[viː ˈhaɪsn̩ ziː]
أنا اسمي ...	Ich heiße …	[ɪç ˈhaɪsə …]
هذا زوجي.	Das ist mein Mann.	[ˈdas ɪst main ˈman]
هذه زوجتي.	Das ist meine Frau.	[ˈdas ɪst mainə ˈfrau]
هذا شريكي.	Das ist mein Partner.	[ˈdas ɪst main ˈpartnɐ]
هذه شريكتي.	Das ist meine Partnerin.	[ˈdas ɪst mainə ˈpartnərɪn]
هذا صديقي.	Das ist mein Freund.	[ˈdas ɪst main ˈfrɔʏnt]
هذه صديقتي.	Das ist meine Freundin.	[ˈdas ɪst mainə ˈfrɔʏndɪn]
هذا ابني.	Das ist mein Sohn.	[ˈdas ɪst main ˈzoːn]
هذه ابنتي.	Das ist meine Tochter.	[ˈdas ɪst mainə ˈtɔxtɐ]
من أين أنت(م)؟ (صيغة الاحترام والجمع)	Woher kommen Sie?	[voˈheːɐ̯ ˈkɔmən ziː]
من أين أنت؟	Woher kommst du?	[voˈheːɐ̯ ˈkɔmst duː]
أنا من ...	Ich komme aus …	[ɪç ˈkɔmə aus …]
هذا إيميلي.	Hier ist meine E-Mail-Adresse.	[hiːɐ̯ ɪst mainə ˈiːmeɪladrɛsə]
هذا رقم تلفوني/هاتفي.	Hier ist meine Telefonnummer.	[hiːɐ̯ ɪst mainə teːleˈfoːnnʊmɐ]

الفهرس
INDEX

الفهرس العربي
Index Arabisch

الفهرس الأَلماني
Index Deutsch

BILDNACHWEIS

*= © Fotolia.com

9 istockphoto/andresr, **10** */Alexander Raths, **10** */Jeanette Dietl, **10** */Forgiss, **10** */paulmz, **10** */fotodesign-jegg.de, **10** */mimagephotos, **10** */Syda Productions, **10** */iko, **10** */Jeanette Dietl, **10** */drubig-photo, **10** */oocoskun, **11** */damato, **11** */vbaleha, **11** */Rido, **11** */Ljupco Smokovski, **11** */Jeanette Dietl, **11** */Janina Dierks, **11** */Valua Vitaly, **11** */Rido, **11** */Andres Rodriguez, **11** */Syda Productions, **11** */Valua Vitaly, **12** */Dmitry Lobanov, **12** */Samuel Borges, **12** */DenisNata, **12** */Pavel Losevsky, **12** */WONG SZE FEI, **12** */vgstudio, **12** */Ariwasabi, **13** */Gabriel Blaj, **13** */endostock, **13** */mma23, **13** */Jasmin Merdan, **13** */Tom Wang, **13** */JanMika, **13** */Picture-Factory, **14** */BeTa-Artworks, **14** */michaeljung, **14** */Savannah1969, **14** */patpitchaya, **14** */Sabphoto, **14** */Cello Armstrong, **14** */eyetronic, **14** */Danilo Rizzuti, **14** */Ruth Black, **15** istockphoto/tab1962, **16** */JSB, **16** */Tiberius Gracchus, **16** */visivasnc, **16** */Lasse Kristensen, **16** */Speedfighter, **16** */Bokicbo, **16** */typomaniac, **16** */O.M., **16** */designsstock, **17** */Kurhan, **17** */Brilliant Eagle, **17** */Iriana Shiyan, **17** */terex, **17** */Sashkin, **17** */pyzata, **17** */Igor Kovalchuk, **17** */Maksym Yemelyanov, **17** */pabijan, **18** */Magda Fischer, **19** */Bert Folsom, **19** */Aleksandar Jocic, **19** */yevgenromanenko, **19** */Aleksandr Ugorenkov, **19** */luchshen, **19** */sokrub, **19** */sokrub, **19** */okinawakasawa, **19** */Delphimages, **19** */arteferretto, **19** */Kitch Bain, **19** */Chris Brignell, **20** */Iriana Shiyan, **21** */pics721, **22** */stock_for_free, **23** */mrgarry, **23** */mariocigic, **23** Thinkstock/Hemera, **23** */Denis Gladkiy, **23** */Sergii Moscaliuk, **23** */okinawakasawa, **23** */Alexander Morozov, **23** */kmiragaya, **23** */Alexander Morozov, **23** */Nikola Bilic, **23** */Alona Dudaieva, **23** */Piotr Pawinski, **24** */Kitch Bain, **24** */pholien, **24** */cretolamna, **24** */Harald Biebel, **24** */M.R. Swadzba, **24** */IrisArt, **24** */cretolamna, **24** */picsfive, **24** */Schwoab, **24** */cretolamna, **24** */Stefan Balk, **24** */karandaev, **25** */2mmedia, **26** */simmittorok, **26** */Liliia Rudchenko, **26** */venusangel, **26** */Ljupco Smokovski, **26** */Maksim Kostenko, **26** Thinkstock/Stockbyte, **26** */Xuejun li, **26** */Ljupco Smokovski, **26** */Coprid, **26** */Yingko, **26** Thinkstock/NikolayK, **26** */srdjan111, **27** */adpePhoto, **27** */Africa Studio, **27** */Tiler84, **27** */NilsZ, **27** */Coprid, **28** */Sashkin, **28** */Creatix, **28** */Katrina Brown, **28** */Ljupco Smokovski, **29** */Okea, **30** */kmit, **30** */claudio, **30** */tuja66, **30** */corund, **30** */mick20, **30** */Denis Dryashkin, **30** */tuja66, **30** */CE Photography, **30** */tuja66, **30** */Бурдюков Андрей, **30** */vav63, **31** */Rynio Productions, **31** */Rynio Productions, **31** */scis65, **31** */Coprid, **31** */f9photos, **31** */Freer, **32** */Africa Studio, **32** */ankiro, **32** */Ionescu Bogdan, **32** */Denys Rudyi, **32** */tuja66, **33** */Nomad_Soul, **33** */twister025, **33** */egorovvasily, **33** */womue, **33** Thinkstock/iStockphoto, **33** Thinkstock/iStockphoto, **33** */by-studio, **33** */cherezoff, **34** */Zbyszek Nowak, **34** */opasstudio, **34** */photka, **34** */photka, **34** */Gerald Bernard, **34** */steamroller, **34** */Kasia Bialasiewicz, **34** */mopsgrafik, **34** */fotoschab, **35** istockphoto/JLFCapture, **36** Thinkstock/Keith Levit Photography, **36** Thinkstock/iStockphoto, **36** Thinkstock/iStockphoto, **36** Thinkstock/iStockphoto, **36** Thinkstock/iStockphoto, **37** Thinkstock/Fuse, **37** */Alexandra GI, **38** */leremy, **38** */leremy, **38** */leremy, **38** */leremy, **38** */leremy, **38** */mrtimmi, **38** */mrtimmi, **38** */mrtimmi, **38** */Bobo, **38** */leremy, **38** */leremy, **38** */FelixCHH, **39** */Vladimir Kramin, **40** */algre, **41** Thinkstock/iStockphoto, **41** */Michael Seidel, **42** Thinkstock/iStockphoto, **42** */Lasse Kristensen, **43** Thinkstock/Stockbyte, **44** Thinkstock/iStockphoto, **44** Thinkstock/iStockphoto, **44** Thinkstock/iStockphoto, **44** Thinkstock/iStockphoto, **44** */Bikeworldtravel, **45** Thinkstock/iStockphoto, **46** */Fotito, **46** */tr3gi, **47** istockphoto/monticello, **48** */unpict, **48** */Teamarbeit, **48** Dreamstime/Christian Jung, **48** */ExQuisine, **48** */Rémy MASSEGLIA, **48** */lunamarina, **48** */Witold Krasowski, **48** */Dionisvera, **48** */angorius, **48** */Dani Vincek, **48** */felinda, **48** */pedrolieb, **49** */ExQuisine, **49** */volff, **49** Shutterstock/shutterstock.com/Multiart, **50** */valeriy555, **50** */valeriy555, **50** */Barbara Pheby, **50** */volga1971, **50** Dreamstime/Robynmac - Dreamstime.com, **50** */Anna Kucherova, **51** */jerome signoret, **51** */boguslaw, **51** */World travel images, **51** */margo555, **51** */Wolfgang Jargstorff, **52** */valeriy555, **52** */silencefoto, **52** */valeriy555, **52** */valeriy555, **52** */photocrew, **52** */valeriy555, **52** */valeriy555, **52** */Zbyszek Nowak, **52** */Andrey Starostin, **52** */azureus70, **53** */valeriy555, **53** */valeriy555, **53** */valeriy555, **53** */valeriy555, **53** */valeriy555, **53** */valeriy555, **53** */valeriy555, **54** Dreamstime/ Skyper1975, **54** */Werner Fellner, **54** */marilyn barbone, **55** Dreamstime/Sergioz, **55** */Africa Studio, **55** */Inga Nielsen, **55** */Inga Nielsen, **55** */Inga Nielsen, **55** */Boris Ryzhkov, **56** Dreamstime/Jirkaejc, **56** */Sergejs Rahunoks, **56** Dreamstime/Givaga, **56** */the_pixel, **56** */Liaurinko, **56** */midosemsem, **56** */Jiri Hera, **56** */Brad Pict, **56** */Julian Weber, **56** */Olegich, **56** */komar.maria, **57** */Jiri Hera, **57** */Nitr, **57** */Nitr, **57** */pabijan, **57** */Fotofermer, **57** */gtranquillity, **57** */gtranquillity, **57** */Nitr, **57** */Taffi - Fotolia.cfom, **58** */Jiri Hera, **58** */Liaurinko, **58** */Dmytro Sukharevskyy, **58** */Dmytro Sukharevskyy, **58** */uckyo, **58** */torsakarin, **58** */Thibault Renard, **58** */Dmytro Sukharevskyy, **59** */Jack Jelly, **59** */aktifreklam, **59** */Jacek Chabraszewski, **59** iStockphoto/Gordana Sermek, **59** */Africa Studio, **60** */ashka2000, **60** */womue, **60** */reineg, **60** */reineg, **60** */reineg, **60** */reineg, **60** */Subbotina Anna, **60** */rangizzz, **60** */sjhuls, **61** */Minerva Studio, **61** */eyetronic, **61** */AlienCat, **61** */Thomas Francois, **61** */ag visuell, **62** */Art Allianz, **62** */adisa, **62** */Pumba, **62** */adisa,

PONS
Bildwörterbuch Arabisch – Deutsch

Bearbeitet von: Ines Balcik, Néji El Mejri, Fahima Nokraschi

Warenzeichen, Marken und gewerbliche Schutzrechte
Wörter, Fotos und Abbildungen, die unseres Wissens eingetragene Warenzeichen oder Marken oder sonstige gewerbliche Schutzrechte darstellen, sind als solche – soweit bekannt – gekennzeichnet. Die jeweiligen Berechtigten sind und bleiben Eigentümer dieser Rechte. Es ist jedoch zu beachten, dass weder das Vorhandensein noch das Fehlen derartiger Kennzeichnungen die Rechtslage hinsichtlich dieser gewerblichen Schutzrechte berührt.

1. Auflage 2016 (1,03 – 2016)

© PONS GmbH, Stuttgart 2016
Alle Rechte vorbehalten

www.pons.de
E-Mail: info@pons.de

Projektleitung: Helen Schmidt
Gestaltung: Petra Michel, Essen
Umschlaggestaltung: Anne Helbich, Stuttgart
Satz: Lumina Datamatics Ltd.
Umschlagfotos vorne, hinten: Shutterstock/mama_mia, Thinkstock/VladyslavDanilin
Logoüberarbeitung: Sabine Redlin, Ludwigsburg
Druck und Bindung: Print Consult GmbH, München
Printed in the EU

ISBN: 978-3-12-516040-8